新星出版社

個人事業主のあなたにとって

# 法人成りは有利か、不利か!?

個人事業は、ある程度波に乗れば会社にしたほうがトクといわれますが、本当でしょうか。さまざまな面で比較してみましょう！

## ❖ 売上、支出、融資の面で比べよう！

今の個人事業で…

年収400万円以上なら…

法人成りすると…

役員報酬の給与所得控除の分、税金が安くなる！

➡P.12参照

今の個人事業で…

赤字になる年が出てきそうなら…

法人成りすると…

赤字を翌年に繰り越せる期間が長くなる！

➡P.24参照

今の個人事業で…

昨年、一昨年の売上が1,000万円以上なら…

法人成りすると…

1期目と、場合により2期目の消費税が免除！

➡P.26参照

今の個人事業で…

融資を受けようと考えているなら…

法人成りすると…

金融機関からお金が借りやすくなり、対象となる助成金の種類も増える！

➡P.86, P.88参照

今の個人事業で…

毎月の固定費が抑えられているなら…

法人成りすると…

赤字でも税金がかかったり、社会保険料の負担が増える！

➡P.110, P.112参照

## ❖ 家族構成、プライベートの面で比べよう！

今の個人事業で…

家族がいるなら…

法人成りすると…

家族に給料を支払えば税金が安くなり、配偶者控除なども受けられる！

➡P.16, P.22参照

今の個人事業で…

家族や親戚が多いなら…

法人成りすると…

冠婚葬祭などにかかる慶弔費を経費にできる！

➡P.36参照

今の個人事業で…

賃貸物件に住んでいるなら…

法人成りすると…

仕事場ではない住居部分の家賃の約半分を経費にできる！

➡P.34参照

今の個人事業で…

生命保険に
加入しているなら…

法人成りすると…

生命保険料を経費にできて、保険金が家族に渡るときも節税できる！

➡P.40, P.94参照

今の個人事業で…

老後資金を今から
準備するなら…

法人成りすると…

退職金を積み立てれば、将来、ほぼ無税で受け取れる！

➡P.42参照

今の個人事業で…

個人資産を
守りたいなら…

法人成りすると…

万が一事業に失敗しても、個人資産は守れる！

➡P.82参照

## ❖ 事業の性格の面で比べよう！

今の個人事業で…

出張が多いなら…

法人成りすると…

出張費を経費にできて、受け取る側も税金がかからない！

➡P.36参照

今の個人事業で…

仕事でクルマを
使っているなら…

法人成りすると…

事業に使うクルマなどの資産は全額経費にできる！

➡P.38参照

今の個人事業で…

お客さんを
増やしたいなら…

法人成りすると…

信頼感が増すので、大手企業をはじめ、新規顧客を獲得しやすい！

➡P.78参照

今の個人事業で…

毎年1月～3月が
忙しいなら…

法人成りすると…

決算日を自由に決めて、ヒマな時期に決算作業ができる！

➡P.80参照

今の個人事業で…

近々、大きな投資が
必要なら…

法人成りすると…

投資で赤字になっても、次期以降の黒字と相殺できる期間が長くなる！

➡P.24参照

今の個人事業で…

共同経営を
しているなら…

法人成りすると…

共同経営にまつわるトラブルを回避しやすくなる！

➡P.98参照

今の個人事業で…

接待交際費を
使うなら…

法人成りすると…

接待交際費が経費と認められやすくなる

➡P.46参照

## ❖ 社員を雇う面で比べよう！

今の個人事業で…

これから人を雇う予定なら…

法人成りすると…

社会保険に加入するなど待遇がよくなり、優秀な人材を集めやすい！

➡P.90参照

今の個人事業で…

今、人を雇っているなら…

法人成りすると…

社会保険などの変更手続きが面倒！

➡P.64参照

## ❖ 会社設立の面で比べよう！

今の個人事業で…

仕事が忙しすぎるなら…

法人成りすると…

定款の作成や認証、登記など、設立手続きには手間と時間がかかる！

➡P.54参照

今の個人事業で…

設立費用が用意できないなら…

法人成りすると…

定款の認証や登記に最低でも約25万円と諸費用がかかる！

➡P.108参照

## ❖ 経理の面で比べよう!

今の個人事業で…

仕事と私用のお金を分けていないなら…

法人成りすると…

私用でお金が必要になったときに、事業用のお金が使いにくくなる!

➡P.118参照

今の個人事業で…

損益計算書しか作っていないなら…

法人成りすると…

貸借対照表の作成が必要なため、経理や決算に手間と時間がかかる!

➡P.62参照

## ❖ 事業の将来の面で比べよう!

今の個人事業で…

将来、子どもに跡を継いでほしいなら…

法人成りすると…

事業承継の手間が大幅に省けて、相続税対策もできる!

➡P.92参照

今の個人事業で…

将来、事業を他人に売りたいなら…

法人成りすると…

第三者へ事業を売却しやすい!

➡P.96参照

# 個人事業を会社にしたら何が、どう変わる？

## Q 会社設立の手続きは？

| 個人事業 | 会社 |
| --- | --- |
| ◆税務署に個人事業の廃業等届出書を提出<br>◆また都道府県税事務所に事業開始（廃止）等申告書（個人事業税）を提出 | ◆公証役場で定款の認証を受け、登記所（法務局）に法人の設立登記申請書を提出<br>◆また税務署に法人設立届書を提出。年金事務所に健康保険・厚生年金保険の新規適用届を提出。（さらに従業員を雇えば労働基準監督署やハローワークへの各種届が必要）<br>◆手続きは複雑で面倒。自分１人でもできるが、司法書士や行政書士などの専門家に依頼するケースも多い |

➡P.54参照、P.162

## Q 会社設立にかかる費用は？

| 個人事業 | 会社 |
| --- | --- |
| ◆費用はかからない | ◆最低でも20万円程度はかかる<br>◆内訳は、<br>•定款認証：3万～ 9万円（資本金額などで異なる）<br>•登記申請（登録免許税）：15万円から（資本金の額による）<br>•会社の代表印：8,000円から<br>◆開業手続きを司法書士や行政書士などに依頼すると別途5万円以上の報酬費用がかかる<br>◆資本金は1円からＯＫ |

➡P.108参照

## Q 事業につける名称の重みは？

| 個人事業 | 会社 |
| --- | --- |
| ◆名称は「屋号」という<br>◆税務署へ届け出る際に必要だが、社会的な重みはそれほどない | ◆名称は「商号」という<br>◆法務局への設立登記の申請の際などに欠かせない<br>◆社会的な責任をもち、信用がある |

➡P.140参照

## Q どんな税金がかかる？

| 個人事業 | 会社 |
| --- | --- |
| ◆所得税、住民税、個人事業税、消費税 | ◆法人税（赤字でもかかる）、法人住民税（赤字でもかかる）、法人事業税、地方法人特別税、消費税　など<br>◆これとは別に、社長個人の所得に所得税と住民税がかかる |

➡P.110参照

## Q 接待交際費の扱いは？

※原則、接待交際費は損金（経費）と認められない

| 個人事業 | 会社 |
| --- | --- |
| ◆必要経費と認められれば、全額、損金算入可能 | ◆必要と認められれば、年間800万円まで損金算入可能 |

➡P.46参照

## Q 赤字が繰越控除できる期間は？

| 個人事業 | 会社 |
| --- | --- |
| ◆3年分 | ◆10年分 |

➡P.24参照

## Q 経理の作業は？

| 個人事業 | 会社 |
| --- | --- |
| ◆単式簿記でも複式簿記でも可 | ◆必ず複式簿記で記録 |
| ◆多くの場合、自分で経理作業を行い、自分で確定申告する | ◆日々の経理作業や年末調整、決算、確定申告は税理士に行ってもらうことが多い |

➡P.60参照

## Q 減価償却の扱いは？

※建物やクルマなどは一括で経費にはできず、減価償却という方法で少しずつ経費化する

| 個人事業 | 会社 |
| --- | --- |
| ◆原則、定額法を用いる | ◆原則、定率法を用いる |

➡P.173参照

## Q 民間の生命保険料の扱いは？

| 個人事業 | 会社 |
| --- | --- |
| ◆最高12万円の生命保険料控除（所得控除）が適用 | ◆被保険者が社長で、契約者・受取人が会社の場合は、一部または全部が経費扱い |

➡P.40参照

## Q 退職金の扱いは？

| 個人事業 | 会社 |
| --- | --- |
| ◆個人事業主にも、家族の働き手にも、退職金は経費として認められない | ◆毎月の給料を減らしてでも、退職金として支払うことで、税金や社会保険料を安くすることができる |

➡P.42参照

## Q 社会保険の加入は？

| 個人事業 | 会社 |
| --- | --- |
| ◆国民年金と国民健康保険に入る | ◆厚生年金保険と健康保険（協会けんぽ等）に入る |

➡P.64、P.112、P.124参照

## Q 社会保険料の支払いは？

| 個人事業 | 会社 |
| --- | --- |
| ◆全額、自分で支払う | ◆被保険者自身の支払分のほか、会社としての負担分がある |

➡P.112参照

## Q 雇用保険・労災保険の加入は？

| 個人事業 | 会社 |
| --- | --- |
| ◆従業員を雇い入れたら加入義務が発生 | ◆従業員を雇い入れたら加入義務が発生。ただし社長は加入不可 |

➡P.64、P.67参照

## Q 事業をやめるときの手続きは？

| 個人事業 | 会社 |
| --- | --- |
| ◆税務署へ廃業届を提出するだけ（青色申告者は所得税の青色申告とりやめ届も提出） | ◆法律に従って解散・清算の手続きが必要。費用もかかる（実際には休眠会社にするケースも多い） |

➡P.72参照

## 1つひとつ行えば
## 自分でできる!
# 会社設立の流れ

会社を設立する手続きは大変です。でも、1つひとつをキチンと行えば、むずかしくはありません。この本には、作るのが一番大変な「定款」をはじめ、さまざまな書類の**記入例付サンプル**があるので、それらを参考に作成すればスムーズに行えます。

### 会社の重要事項の決定 ➡ P.136

会社名、会社の種類、代表取締役、取締役、出資額、本店の住所、事業の目的などを決める

### 定款の作成と認証手続き ➡ P.140

会社の憲法である「定款」を作り、それを認証してもらう

### 出資金の払込み ➡ P.150, P.152

資本金となる出資金を払い込み、証明書を作る

### 登記申請書の作成と登記 ➡ P.156

「株式会社設立登記申請書」を作り、登記所に行って登記する

# はじめに

まず、個人事業主として開業して、何らかのきっかけがあって会社にするといった、段階的な起業をされる方は少なくありません。

この本を手に取られたあなたも、そんな一人かもしれませんね。もし、そうだとしたら、あなたは事業を発展させていく可能性が高い人だと思います。だって、これから会社を作るかどうかでお悩みだということですよね。

でも、ちょっと待ってください。

会社を作ったら周りの人に評価される、といったような目論見で会社を作ろうとしていませんか。あるいは「税金が安くなるらしい」といった情報だけで、会社を作ろうと考えてはいないでしょうか。

「こんなはずじゃなかった……」

そうならないためにも、会社を作ること、つまり「法人成り」のメリット・デメリットを、会社を作る前にきちんと理解しておきましょう。

一般的には、法人成りして会社を作ることで、さも得をするような話に終始しがちです。しかし、本当はメリットもデメリットも同じくらい存在して、場合によっては「個人事業主のままのほうがいいんじゃないか？」と思い直す方もいるかもしれません。

私はこれまで、税務や会計にとどまらず、会社の設立や社会保険、人事労務、助成金獲得の相談など、ありとあらゆる会社にまつわるお悩みを解決するために骨を折ってきた経験があります。その経験を踏まえ、どういった場合に会社にしたほうが得なのかを、可能なかぎりやさしく本書にまとめてみました。

この本が、少しでも今後のあなたが進む方向性へのヒントになることを願っています。

税理士　関根 俊輔

# 改訂6版　個人事業を会社にするメリット・デメリットがぜんぶわかる本〈目次〉

## 第1章　会社にしたときのメリット～税金～

## 第2章 会社にしたときのメリット〜経費〜



## 第3章 会社にしたときのデメリット〜手間〜

## 第4章 会社にしたときのメリット ～信用、資産保護、助成金など～

## 第5章 会社にしたときのデメリット ～税金、経費～



## 第6章 実際に、会社を設立してみよう

デザイン・DTP：田中由美
イラスト：坂木浩子
編集協力：㈲クラップス


※本書では特に明記がないかぎり、2023年7月の情報をもとに解説・紹介しています。最新の情報は税務署等にお問い合わせください。

# 第1章

# 会社にしたときのメリット
## ～税金～

# 01 会社にしたときの税金のメリット

会社を設立するとは、会社という「法人格」を世の中に送り出すことです。別人格であるため、さまざまな恩恵が得られるようになります。

## 個人と会社の決定的な違いとは

個人事業主が会社を設立することを「**法人成り**」といいます。

個人事業主の場合、事業を行っている人は個人事業主自身です。ですから、個人事業は、個人という1つの人格の中に形成され、別にして考えることができません。しかし、法人成りすると、「法人格」固有の権利と義務が、個人とは別に発生します。

個人事業主でも、法人成りした会社の社長であっても、自分自身がその事業の実質的なオーナーであることに変わりはありません。でも、会社の本当のオーナーは「**株主**」であって、社長ではありません。

個人事業主は、売上から必要経費を差し引いた残り全部が自分の「**所得**」です。一方、会社となると「会社のオーナーである自分が、社長である自分に給料を支払う」という、個人事業主からすれば特殊な形になります。この「**役員報酬**」と呼ばれる給料のみが、社長個人の「所得」となるのです。

このように、個人と会社をまったく別物と扱うため、個人と会社では税金の計算方法に決定的な違いが出てきます。

## 役員報酬をとっても、利益が出たとき

会社とはいっても、中小企業の場合は、「会社の

儲けはすべて自分のもの」と考える社長が多く、自分が受け取る報酬と会社の利益を同額程度になるように設定して、会社に利益を残さないようにするケースが多いものです。

ところが、役員報酬は全額、事業年度の初めのほうで前もって決めておかなければならないものですから、予定したとおりの業績となるかどうかは、1年を通してみなければわかりません。

もしも、会社に利益が残ったときには、「**法人税**」という税金が会社に対して課税されます。このため、会社の「法人税」と社長個人の「**所得税**」を合計して、事業全体での税負担を検討しなければなりません。

形式として、個人事業よりも法人のほうが税金面でメリットが多くなっています。一般的に、徴収される税金をなるべく安く抑えようと努力する行為を「節税」と呼んでいますが、**個人よりも法人のほうが節税のメリットは大きくなっています。**

## 法人成りしたときの税金面のメリット

**自分の税金が安くなる**
（→P.12）
役員報酬の給与所得控除額の分、税金が安くなる

**家族二人の税金が安くなる**
（→P.16）
家族に給料を分散することで、安い税率を適用できる

**配偶者控除が認められる**
（→P.22）
配偶者や扶養親族に給料を支払っても、一定額以下の給料であれば、配偶者控除や扶養控除の対象となる

**消費税が免除される**
（→P.26）
消費税が免除される特別な期間が発生する

**赤字の繰越期間が延びる**
（→P.24）
事業が赤字のときに、次期以降の黒字と相殺できる期間が延びる

# 02 自分に給料を支払うと税金が安くなる

会社から給料をもらっている人（サラリーマン）には「給与所得控除」という必要経費が認められます。この額は少なくありません。

## 「給与所得控除」の分、絶対にトクする

「会社から給料をもらうサラリーマンにも、収入によって、一定の額を必要経費として認めてあげましょう」というのが、「**給与所得控除**」です。この給与所得控除こそが、法人成りをした場合に、もっとも効果的な節税の材料になります。

個人事業主時代の「収入」といえば、なんといっても「売上」です。でも、売上に直接、所得税が課税されるわけではありません。売上から、これにかかる「必要経費」を差し引いた残りが「所得」です。厳密には「**事業所得**」と呼ばれているものです。

一方、会社を作ると、社長個人も会社から給料（サラリー）をもらうサラリーマンになります。

本来なら、サラリーマンも個人事業主と同様に、スーツやビジネスバッグ、ビジネス書籍、自宅で仕事に使っているパソコンやインターネットなど、さまざまな必要経費がかかっているので、その必要経費を差し引いてあげなければ不公平になってしまいます。

ところが、サラリーマンには事業主のように必要経費を集計して所得から差し引くという計算が原則認められていません。

これに代わるのが「給与所得控除」という制度です。

給与所得控除は、収入の一定の割合を必要経費と

して、無条件で所得から差し引くことができる制度になっています。

とすると、法人成りすれば、会社の社長は実際に支払った経費については会社の所得から差し引くことができ、しかも、実際に支払いがなくても、給料の一定割合を給与所得控除として個人の所得から追加的に差し引くことができるようになります。

法人成りって、この辺がお得なんです。

## ●個人と会社の税金の違い

個人事業主のときの税金と、会社にして同じ額を自分に給料として支払った場合の税金を比べてみましょう。売上１０００万円を上げた事業で、経費が４００万円かかったケースを、個人事業主の場合と会社にした場合に分けて、以下に示しました。つまり、個人に入る年収が６００万円となるケースです。

### 給与所得控除の節税効果

| | | 個人事業主 | 会　社 | 会社の社長 | 差　額 |
|---|---|---|---|---|---|
| 売　　上 | | 1,000万円 | 1,000万円 | ── | 0 |
| 経費となるもの | 自分に給料 | ── | 600万円 | 600万円 | 0 |
| | その他経費 | 400万円 | 400万円 | ── | 0 |
| | 給与所得控除 | ── | ── | 164万円 | **164万円** |
| 所得金額合計 | | 600万円 | 0 | 436万円 | **－164万円** |
| 所得税（法人税） | | 約69万円 | 0 | 約35万円 | **約－34万円** |
| 住民税 | | 約56万円 | 7万円 | 約40万円 | **約－9万円** |
| （個人）事業税 | | 約15万円 | 0 | ── | **約－15万円** |
| **法人成りした場合の所得税などのメリット金額➡** | | | | | **約－58万円** |

※各種控除なし。基礎控除48万円（住民税は43万円）のみのもっとも高い税金計算をしている
※法人住民税の均等割（111ページ参照）は7万円で計算している
※原則、個人事業主の場合、一定の業種（法定業種）で、一定の所得（290万円）を超える事業主は、「個人事業税」が別途課税（一部を除き一律5%）されるので、これを加味して計算している

また、以下に年収400万〜1500万円までで、個人事業主の場合と会社にした場合の、税額の差の例を示しましたので参考にしてください。

## ●個人事業税の課税

ところで現在、個人事業主のみなさん、「**個人事業税**」は課税されていますか。

確定申告では、国の税金である「**所得税**」と、地方の税金である「**住民税**」が課税されることはご存じだと思いますが、じつはこれ以外に、都道府県税事務所では、ほとんどの業種に対し、「個人事業税」として原則5％の割合で課税する場合があります。

この税金の納付時期が、毎年8月と11月。3月に確定申告をすませて、ま

### 個人事業主と法人成りした場合の税金の違い

| 年収 | 個人事業主（所得税＋住民税＋個人事業税） | 会社＋会社の社長（所得税＋住民税＋法人住民税） | 差額（節税効果） |
|---|---|---|---|
| 400万円 | 約71万円 | 約44万円 | 約**27万円** お得！ |
| 600万円 | 約141万円 | 約82万円 | 約**59万円** お得！ |
| 800万円 | 約212万円 | 約134万円 | 約**78万円** お得！ |
| 1,000万円 | 約295万円 | 約199万円 | 約**96万円** お得！ |
| 1,200万円 | 約392万円 | 約273万円 | 約**119万円** お得！ |
| 1,500万円 | 約538万円 | 約404万円 | 約**134万円** お得！ |

※各種控除なし。基礎控除48万円（住民税は43万円）のみのもっとも高い税金計算をしている
※会社の場合、自分に給料を払うことで会社に利益が残らないと仮定して計算している
※法人住民税の均等割（111ページ参照）は7万円で計算している
※原則、個人事業主の場合、一定の業種（法定業種）で、一定の所得（290万円）を超える事業主は、「個人事業税」が別途課税（一部を除き一律5％）されるので、これを加味して計算している

さに「忘れた頃にやってくる税金」なのです。

ただし、売上から必要経費を差し引いて290万円以下の事業主には、この課税はありません。

一方、法人成りすると、会社の所得に対して「**法人事業税**」や「**地方法人特別税**」が課税されます。しかし、自分の給料をとって、会社に所得が残らなければ、法人事業税や地方法人特別税は0円となります。ましてや、自分の給料に対して「個人事業税」が課税されることもありません。

つまり、法人成りすると、この原則5%分の個人事業税も節税されるケースがあるというわけです。

ただし、会社の場合、利益がゼロや赤字でも、一定の金額を支払う必要がある「法人住民税の**均等割**」というものがあります。これは最低でも7万円を納めることが必要です（111ページ参照）。

## 役員報酬は自由に変えられない

役員報酬は、原則では事業年度の初めのほうで、事前に金額を決定することが必要です。**会計期間の途中で役員報酬を上げたり、下げたりする**と、税の世界では利益操作とみなされて、会社の経費として認められないことになります。そのため、一度決めた報酬金額は、次の改定時期まで変更しないやり方が原則です。

「会社の利益が思った以上に出てしまうから、事業年度の途中で役員報酬をアップしちゃおう」という考え方は、現状の日本の税法ではうまくいきません。

途中で役員報酬をアップして社長個人に支払った場合、アップした分は会社の経費として認められず法人税がかかる上に、個人が給料を受け取った事実は変わらないので、個人の所得税や住民税の課税も受け、税が二重にかかることになります。

このため、これを業界では「往復ビンタ」と呼び、特に注意しています。そうならないように、事前に利益や税金の計画を入念に行うことが大切です。

# 03 家族への給料を多くすれば、税金が安くなる

小さな会社にとって、家族の支えはお金の面でも仕事の面でも重要なポイント。その給料で節税することって、当然の権利ですよね。

## 分け方1つで所得税は変わる

さて、問題です。夫婦二人三脚で商売が順調なインターネット小売業で、会社を設立したとします。

その前の個人事業主時代は、ご主人の所得が600万円で、必要経費として奥様の専従者給与を月額20万円、年額240万円計上していました。

このとき、**所得税**や**住民税**は、いくらくらいになるでしょうか。

唐突ですが、答えはこうです。社会保険料控除など、「所得から差し引かれる金額」などを、基礎控除の48万円以外、全部無視すると、個人事業主時代のご主人の所得税は約69万円、住民税は約56万円、そして、個人事業税は約15万円で、合計140万円になります。奥様は約17万円で、二人あわせると**合計約157万円**です。

仮に、会社設立後に、ご主人の役員報酬を、所得600万円を12カ月で割った月額50万円に、奥様はそのまま月額20万円にして、二人あわせると個人事業主時代と同じ収入を得たとします。

すると所得税は、ご主人が「給与所得控除」を使えるようになるので約35万円となり、ご主人個人の住民税は約40万円です。また、個人事業税はゼロになります。その代わり、法人住民税の均等割の部分が7万円（東京都の場合）かかります。合計で82万

## 夫婦で給料を分けたときの節税効果

### ●個人事業主のとき

**設例1** ご主人の所得：600万円
奥様の給料：　240万円

| | ご主人 | 奥様 | 合　計 |
|---|---|---|---|
| 所得（給料） | 600万円 | 240万円 | 840万円 |
| 所得税＋住民税＋個人事業税 | 約140万円 | 約17万円 | **約157万円** |

**－58万円！**

### ●会社を設立して、奥様の給料は今までどおりの場合

**設例2** ご主人の給料：600万円
奥様の給料：　240万円

| | ご主人＋会社 | 奥様 | 合　計 |
|---|---|---|---|
| 所得（給料） | 600万円 | 240万円 | 840万円 |
| 所得税＋住民税＋法人住民税 | 約82万円 | 約17万円 | **約99万円** |

**さらに、－12万円！**

### ●会社を設立して、夫婦で同額の給料にした場合

**設例3** ご主人の給料：420万円
奥様の給料：　420万円

| | ご主人＋会社 | 奥様 | 合　計 |
|---|---|---|---|
| 所得（給料） | 420万円 | 420万円 | 840万円 |
| 所得税＋住民税＋法人住民税 | 47万円 | 40万円 | **約87万円** |

※各種控除なし。基礎控除48万円（住民税は43万円）のみのもっとも高い税金計算をしている
※会社の場合、自分に給料を払うことで会社に利益が残らないと仮定して計算している
※法人住民税の均等割（111ページ参照）は7万円で計算している
※原則、個人事業主の場合、一定の業種（法定業種）で、一定の所得（290万円）を超える事業主は、「個人事業税」が別途課税（一部を除き一律5%）されるので、これを加味して計算している

円です。奥様は約17万円のままですから、二人の合計は**約99万円**。

ほら、給与所得控除や個人事業税の節税効果って、すごいですよね。

さらに、本題です。「夫婦二人三脚で商売していて、奥様は自他ともに認めるほどの働き手なのだから、ご主人と同じくらいの給料をもらったっていいのじゃないか」ということで、夫婦の給料の合計月額70万円を半分ずつの月額35万円として、夫婦で同額の役員報酬を得たとします。すると所得税は、ご主人と奥様それぞれ約15万円ずつの計30万円です。それに、個人の住民税や法人住民税の均等割の部分がプラスされても、合計**約87万円**。

**家族単位で考えると、同じ収入を得ているのに税額が変わる**のだから、役員報酬の設定って要注意なのですね。

## 給与所得控除の速算表 ※令和２年分以降

| 給与等の収入額 | 給与所得控除の額 |
|---|---|
| 〜　180万円以下 | 収入額×40%―10万円<br>55万円に満たない場合には55万円 |
| 180万円超　〜　360万円以下 | 収入額×30%　＋　8万円 |
| 360万円超　〜　660万円以下 | 収入額×20%　＋　44万円 |
| 660万円超　〜　850万円以下 | 収入額×10%　＋　110万円 |
| 850万円超　〜 | 195万円（上限） |

## 所得税の速算表 ※平成27年分以降

| 課税される所得金額 | 所得税率 | 控除額 |
|---|---|---|
| 〜　195万円未満 | 5% | 0円 |
| 195万円以上　330万円未満 | 10% | 97,500円 |
| 330万円以上　695万円未満 | 20% | 427,500円 |
| 695万円以上　900万円未満 | 23% | 636,000円 |
| 900万円以上　1,800万円未満 | 33% | 1,536,000円 |
| 1,800万円以上　4,000万円未満 | 40% | 2,796,000円 |
| 4,000万円以上 | 45% | 4,796,000円 |

※個人についてはこのほかに平成25年〜令和19年までの各年分の基礎所得税額が復興特別所得税（基礎所得税額の2.1%）として課税される

## 所得税率の活用がポイント

なぜ、役員報酬の分け方で所得税が変わるのでしょうか。理由は「給与所得控除」と「所得税率」です。**所得税は、収入が高い人ほど税金が高くなる**、累進状の構造となっているため、税金が変わるのです。

中小企業において、家族や親族の助けは、資金面、労働力、メンタル面、どれをとっても不可欠です。

そうした家族従事者の労働力を適正に評価し、適正な給料を支払うことで、**事業主だけが給料を多くする場合と比べ、節税することが可能**になります。「決して見栄だけで、事業主だけの所得を高くしてはいけないよ」ということですね。

以下に具体例をあげて、世帯の年収別で法人成りした場合の節税メリットを見てみましょう。

一覧からもわかるとおり、年収の高い人ほど法人成りして、家族で給料を分けてとるようにすると、節税効果が発揮されます。

### 個人事業主、社長一人、夫婦二人の場合の税額の比較

● 400万円

| | 個人事業主（所得税＋住民税＋個人事業税） | 会社＋会社の社長（所得税＋住民税＋法人住民税） | 会社＋会社の社長＋奥様（所得税＋住民税＋法人住民税） | |
|---|---|---|---|---|
| | | | ご主人 | 奥様 |
| 所得（給料） | 400万円 | 400万円 | 300万円 | 100万円 |
| 税金合計 | 約71万円 | 約44万円 | 約26万円 | |

約27万円お得！

さらに、約18万円お得！

※どのケースでも、原則各種控除なし。基礎控除48万円（住民税は43万円）のみのもっとも高い税金計算をしている

※会社の場合、自分に給料を払うことで会社に利益が残らないと仮定して計算している

※法人住民税の均等割（111ページ参照）は7万円で計算している

※原則、個人事業の場合、一定の業種（法定業種）で、一定の所得（290万円）を超える事業主は、「個人事業税」が別途課税（一部を除き一律5%）されるので、これを加味して計算している

● 600万円

| | 個人事業主（所得税＋住民税＋個人事業税） | 会社＋会社の社長（所得税＋住民税＋法人住民税） | 会社＋会社の社長＋奥様（所得税＋住民税＋法人住民税） | |
|---|---|---|---|---|
| | | | ご主人 | 奥様 |
| 所得（給料） | 600万円 | 600万円 | 400万円 | 200万円 |
| 税金合計 | 約141万円 | 約82万円 | 約57万円 | |

約59万円お得！

さらに、約25万円お得！

● 800万円

| | 個人事業主（所得税＋住民税＋個人事業税） | 会社＋会社の社長（所得税＋住民税＋法人住民税） | 会社＋会社の社長＋奥様（所得税＋住民税＋法人住民税） | |
|---|---|---|---|---|
| | | | ご主人 | 奥様 |
| 所得（給料） | 800万円 | 800万円 | 500万円 | 300万円 |
| 税金合計 | 約212万円 | 約134万円 | 約83万円 | |

約78万円お得！

さらに、約51万円お得！

● 1,000万円

| | 個人事業主（所得税＋住民税＋個人事業税） | 会社＋会社の社長（所得税＋住民税＋法人住民税） | 会社＋会社の社長＋奥様（所得税＋住民税＋法人住民税） | |
|---|---|---|---|---|
| | | | ご主人 | 奥様 |
| 所得（給料） | 1,000万円 | 1,000万円 | 600万円 | 400万円 |
| 税金合計 | 約295万円 | 約199万円 | 約118万円 | |

約96万円お得！

さらに、約81万円お得！

● 1,200 万円

| | 個人事業主（所得税＋住民税＋個人事業税） | 会社＋会社の社長（所得税＋住民税＋法人住民税） | 会社＋会社の社長＋奥様（所得税＋住民税＋法人住民税） | |
|---|---|---|---|---|
| | | | ご主人 | 奥様 |
| 所得（給料） | 1,200 万円 | 1,200 万円 | 700 万円 | 500 万円 |
| 税金合計 | 約 392 万円 | 約 273 万円 | 約 159 万円 | |

約 119 万円お得！

さらに、約 114 万円お得！

● 1,500 万円

| | 個人事業主（所得税＋住民税＋個人事業税） | 会社＋会社の社長（所得税＋住民税＋法人住民税） | 会社＋会社の社長＋奥様（所得税＋住民税＋法人住民税） | |
|---|---|---|---|---|
| | | | ご主人 | 奥様 |
| 所得（給料） | 1,500 万円 | 1,500 万円 | 800 万円 | 700 万円 |
| 税金合計 | 約 538 万円 | 約 404 万円 | 約 233 万円 | |

約 134 万円お得！

さらに、約 171 万円お得！

会社にして給料を夫婦で分けて出すと税金が安くなる

04

# 配偶者控除、扶養控除が受けられる

専従者給与を受け取っている人は、配偶者控除や扶養親族の控除を受ける人数に含まれません。しかし、会社にすると控除が可能になります。

## 配偶者控除と扶養控除

サラリーマンたる給与所得者の所得税の計算では、収入金額から給与所得控除を差し引いて「所得金額」を求めます。さらに、そこから社会保険料や生命保険料、配偶者や扶養の人数などに応じて「所得から差し引かれる金額」を差し引いて、「**課税所得**」を計算し、この課税所得を速算表にあてはめて、納める税金を計算します（18ページ参照）。

「**配偶者控除**」や「**扶養控除**」の対象となるのは、納税者と生計を同じにしていて、収入が150万円以下の配偶者や収入が103万円以下の扶養家族がいる人です。

ちなみに、収入が150万円を超え201万円未満の配偶者がいる場合は、「**配偶者特別控除**」が受けられます。配偶者特別控除は、収入の多寡によって段階的に控除できる金額が異なります。

## 個人は配偶者控除などに制約がある

個人事業を営んでいる方の青色専従者で、その年に一度でも給料をもらっている人や、白色申告での専従者の方は、所得に関係なく、**配偶者控除や扶養控除の対象となりません**。これが個人事業主のデメリットになっています。法人成りすると、会社という別人格から給料をもらうわけですから、仕事に「専従」していても、配偶者控除や扶養控除の対象から外れません。ですから、所得基準を満たせば、配偶者控除や扶養控除の最低38万円を、事業主の所得からさらに差し引くことができることになります。

## ●家族の給料を変更しやすい

個人事業主で、かつ、会社設立をお考えの方は、確定申告を「青色申告」で行っている方が多いかと思います。

青色申告者が事業の専従者に給料を支払うときは、「青色事業専従者給与に関する届出書」というものを税務署に提出していなくてはなりません。この届出書に記載した給料を上回る金額を支払っても必要経費になりませんから、結構な注意が必要です。

それに引替え、法人成りすれば、この届け出は不要となります。そのため、次の年の給料を増やしたり、あるいは株主でもなく、役員に名を連ねてもいない親族へ、その労働に応じて賞与を支給したりすることができるようになります。

会社のほうが、**親族への給料を経費として計上できる自由度が高い**といえるでしょう。

**■ 個人と会社の場合の配偶者控除と扶養控除 ■**

| | 個人 | 法人 | 備考 |
|---|---|---|---|
| 配偶者控除 | × | ○ | 収入が150万円以下 |
| 配偶者特別控除 | × | ○ | 収入が150万円を超え<br>201万円未満の場合 |
| 扶養控除 | × | ○ | 収入が103万円以下 |
| 給料の変更 | △ | ○ | 個人は届出の提出が必要 |
| 社会保険の扶養扱い | △ | × | 収入が130万円以上の場合、<br>扶養扱いできなくなる |
| 家族本人の所得税 | ○ | ○ | 収入が103万円以下は<br>非課税 |

05

# 赤字を繰越控除できる期間が延びる

**個人ならば赤字の繰越しは3年ですが、会社はもっと繰り越せます。また、当年が赤字の場合、前年支払った税金を取り戻すこともできます。**

## 会計期間での課税は不公平

個人事業主の場合は、1月1日から12月31日が「会計期間」です。

会社の場合は、決算期を自由に決められ、会計期間は決算日前から1年間となっています。そして、この会計期間に生じた黒字や赤字の金額を計算し、それにあわせて税金が課税されます。

しかし、会社（事業）は生き物ですから、去年は赤字で、今年は黒字、来年はまた赤字、などとなるケースがあります。

そんなときに、たまたま今年が黒字だからといって課税されていたら、過去の赤字分の補填に何年かかるかわかりませんよね。

そこで、「青色申告をしている事業者が赤字となってしまった場合、その赤字を翌年度以降に持ち越して、黒字だった決算期に相殺してあげましょう」という制度があります。それが「**青色欠損金の繰越控除**」という制度です。

個人事業主の場合、繰越損失は3年間持ち越すことができます。これが会社となると、**繰越控除ができる期間が9年間に延びる**のです（平成29年4月1日以降に開始する事業年度に生じた欠損金については**10年間**）。

資本を投下してから、売上（利益）としてその資金を回収するまでのサイクルを、長期的な視野で見ることができるようになるのです。

なお、この赤字の繰越しは、国税と地方税の両方に適用されます。

## ●欠損金の繰戻還付制度も会社だけ

過去の赤字を繰り越して、翌年以降の黒字と相殺する制度を説明しました。じつは、その逆として、前年の黒字を当年の赤字と相殺できる方法があります。これを「**青色欠損金の繰戻しによる還付**」制度といいます。

この制度は、各事業年度で生じた欠損金に対して、会社のみ利用できます。個人事業主には適用されません。

ただし、この制度は法人税だけで、地方税には同様の規定はありません。

### 欠損金の繰越控除

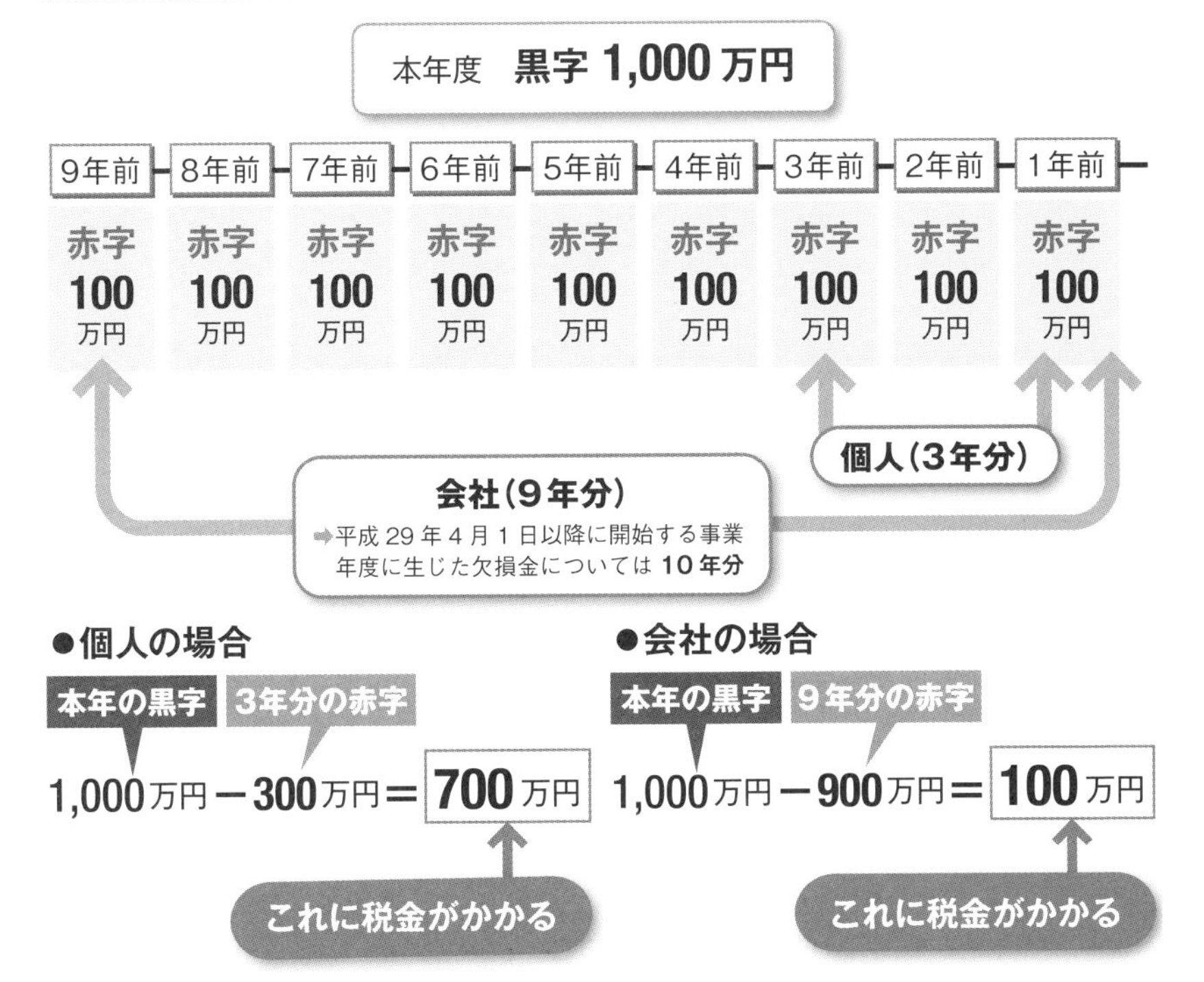


※青色申告とは、複式簿記などで記帳をし、それに基づいて正しい申告をした場合に、所得金額の計算について、控除を受けられるなど有利な取扱いを受けられる制度です。

06

# 原則2事業年度分、消費税の免税事業者になる

**資本金の額を1000万円未満で設立すれば、原則、第1期と第2期は消費税が免除。現在、消費税を支払っている個人事業主も対象です。**

## ●消費税とは

消費税とは、一定の消費に対して所定の税金を徴収するものです。そして、実際の納税は事業者のみが行う仕組みとなっています。

すなわち、事業者は商品や製品、サービスの販売にともなって、消費者より消費税を預かり、仕入や水道光熱費、事務用品費など、事業に必要なものを購入するときに、自分が支払った消費税との差額を納めることとされています。

## ●原則2事業年度分の消費税が免除

法人成りには、消費税に関連して大きなメリットがあります。それは、消費税の免除です。

消費税は、基準期間の課税売上高が1000万円以下であれば、課税事業者とならなくてよいという特例があり、消費者から預かった消費税があってもその納税が免除されます。

この基準期間は、前々事業年度とされているのですが、そもそも会社設立後の第1期と第2期については、前々事業年度という基準となる期間が存在しません。

つまり、会社の場合、「資本金の額が1000万円未満であれば、**第1期と第2期の消費税を免除しましょう**」というわけです（ただし第2期は、第

1期の半年間の売上または給与支払額が1000万円を超える場合に例外あり）。

もしも、法人成り前の個人事業主としての売上が1000万円を超えていたとしても大丈夫です。先に説明したように、個人と法人はまったく別人格ですから、この特例に該当します。これは非常に大きな節税効果をもたらします。

株式会社を設立するときの最低資本金は1円からOKですので、ひと昔前のように、わざわざ1000万円を集めて設立しなくても、なんら支障はありません。ですから、資本金の額を1000万円未満に抑えて、消費税免除のメリットを十分に活用したいところです。

## 消費税の課税のタイミング

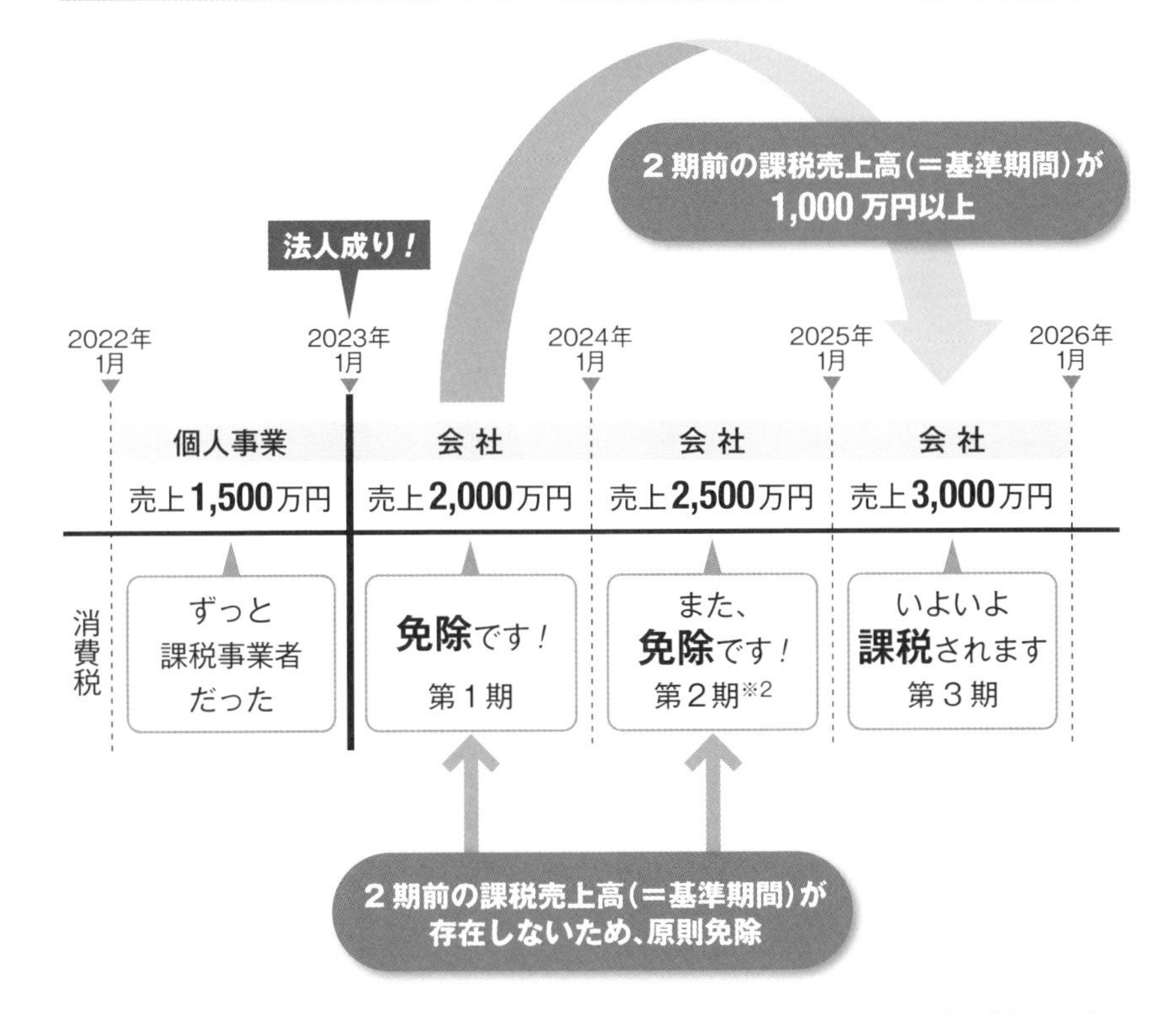


※1 資本金の額が1,000万円未満の会社の場合
※2 前年の当初6ヵ月間（特定期間）の課税売上高または給与支払額が1,000万円を超えた場合は当年度から課税される

07

# インボイス制度に免税事業者はどう対応したらいいか

消費税の仕入れ税額控除の方式としてインボイス制度が開始。会社も個人事業も、課税事業者も免税事業者も大きな影響があります。

## インボイス導入後の免税事業者の立場

前項で解説した通り、新しく会社を設立した（法人成りした）ときに、消費税は原則2年間、納税義務が免除されます。

つまり、免税事業者でいられます（資本金の額が1000万円未満の場合）。

では、このルールは、令和5年秋から新たにインボイス制度（適格請求書等保存方式）が導入されて、変わるのでしょうか。

答えは「ノー」です。

**インボイス制度が始まっても、消費税の免税事業者の考え方は変わりません。**

また、免税事業者であっても、消費者から消費税をとってはいけないという規制は、いまのところ見当たりません。

## インボイス制度で困る人は誰か

では、インボイス制度が始まって、一番困るのは誰でしょうか。

それは、あなたの事業が提供する**商品やサービスの買い手、取引先**です。

インボイス制度では、売り手が買い手に対してインボイス（適格請求書）を発行します。買い手側は消費税の課税事業者の場合、そのインボイスが証明となって、消費税を納税する際に差し引くこと（仕入れ税額控除）ができます。

そのため買い手は、**インボイスを発行してくれる売り手と取引したほうが、納める消費税額が少なくて済みます。**

ですから、あなたが免税事業者で、インボイスを発行できない場合、取引先は「それなら（消費税額に相当する）10％割り引いてほしい」とか「経理処理が複雑になるから課税事業者になってほしい」などといってくるかもしれません。

いずれにせよ、免税事業者が消費税をとっても、いまのところ違法ではありませんが、取引先とトラブルが発生する可能性は十分に考えられます。

## 免税事業者でもインボイスは発行可能か

本来、免税事業者である者は、課税事業者となることをあえて選択し、**「適格請求書発行事業者」**の**登録申請**を行えば、インボイスが発行できるようになります。

令和5年10月1日から令和11年9月30日までは、**適格請求書発行事業者の登録申請をすることで、課税事業者を選択したことになり、インボイスを容易に発行できる**ようになります。

また、インボイスの登録をしなければ本来は免税事業者なのに、あえて適格請求書発行事業者になることを選んだ場合は、**預かった消費税の2割を納めればよい**とする「2割特例」という制度が設けられています。これは、令和5年10月1日から令和8年9月30日までの属する期間において、この適用を受けることができます。

2割特例の制度は、消費税の簡易課税制度を選択していても、2割特例のほうが納税額が少なく、有利であるなら、そちらを選ぶことができます。

## 適格請求書発行事業者になるか否か

本来、免税事業者である者が、あえて課税事業者となることを選び、適格請求書発行事業者になるか、ならないかは、判断に迷うかもしれません。

その場合は、**取引の相手がインボイスを必要とするか、しないか**を考えなければなりません。

例えば、**取引先が事業者**で、消費税の納税義務者である場合は、**インボイスの発行は必須**といえるでしょう。

インボイスを発行できれば、免税事業者でいる場合の値引き要求もされなければ、取引金額の消費税額の表示も、請求もスムーズに行えます。

一方、**取引の相手が一般の消費者**である場合、相手は消費税の納税義務者ではないので、**インボイスを発行する必要性はあまり高くない**と考えられます。

ただし、その中に事業者が混ざっていた場合は、インボイスの発行を求められるケースもあるので注意が必要です。

より多くのスムーズな取引を望むのなら、インボイス発行事業者になることを決断したほうがよいでしょう。

### インボイス制度のしくみ

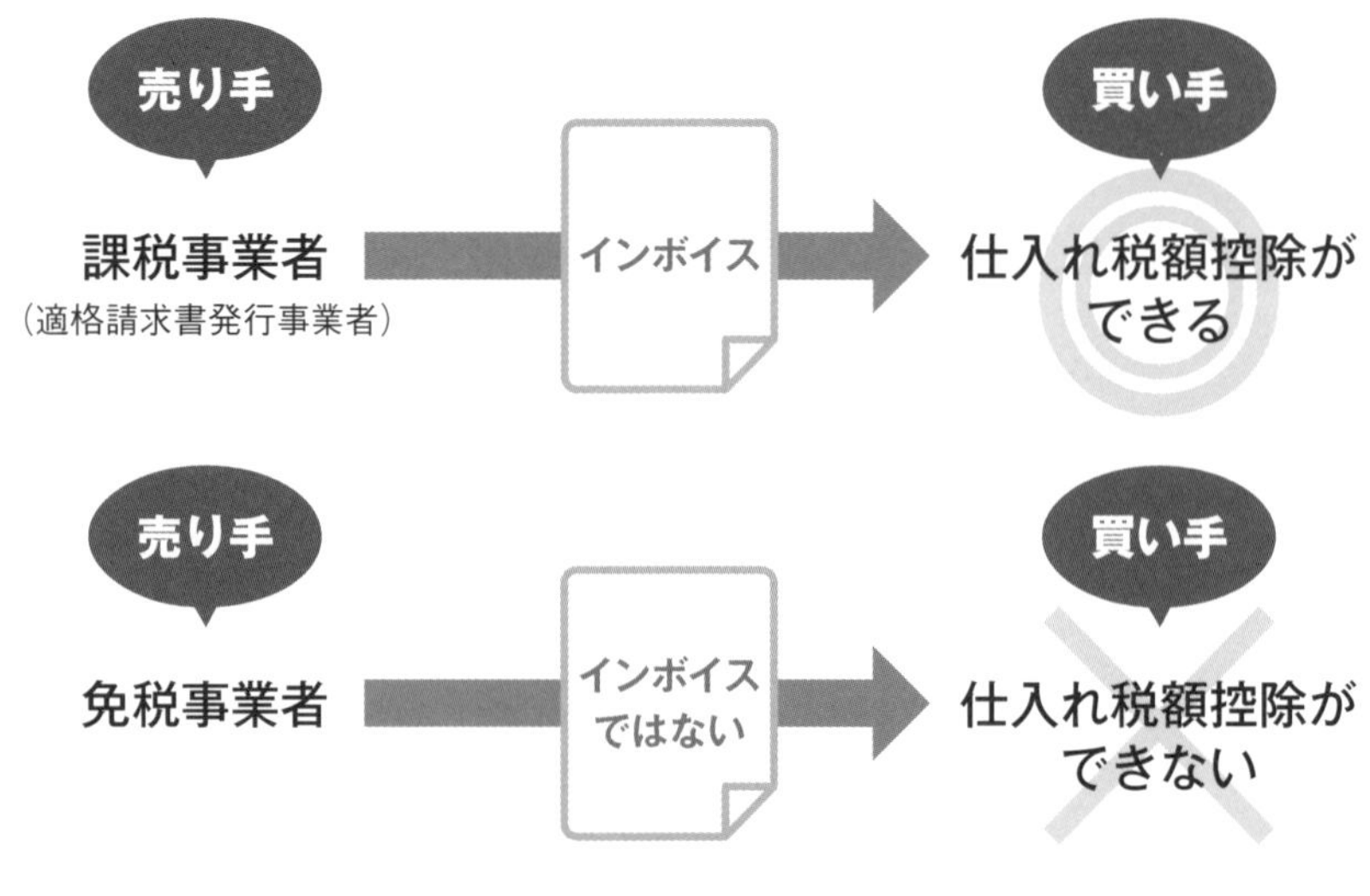

売り手
課税事業者
（適格請求書発行事業者）
インボイス
買い手
仕入れ税額控除ができる

売り手
免税事業者
インボイスではない
買い手
仕入れ税額控除ができない

# 第2章

# 会社にしたときのメリット
## ～経費～

# 01 会社にしたときの経費のメリット

個人ではグレーゾーンで認められなかった経費も、法人成りした後は、会社の損金か否か、つまり0か100かの税務判断になります。

## 経費となるもの、ならないもの

個人事業主が所得を得るために使ったお金を「**必要経費**」と呼びます。

一方、会社が所得を得るために使ったお金を、会計上「**経費**」と呼び、その中で法人税の計算上、差し引くことのできる経費を、法人税法上「**損金**」といいます（以降、「経費」「必要経費」「損金」の区別が特別に必要な場合を除き「経費」として統一）。

原則的に、個人だろうが、会社だろうが、事業を遂行するときに、どうしても必要なコストは当然、課税の計算上差し引くことができます。

しかし、個人と会社の経済活動を考えた場合、じつは決定的な違いが存在します。

会社の活動は、つねに株主のために利益を得ることを目的としており、それ以外の活動はありません。そのため、会社の経費は原則として、すべて事業活動のために支出されたものと見ることができます。

ところが、個人の活動は違います。服を買ったり、レジャーに行ったり、友だちや家族と飲みに行ったりします。こうしたプライベートな「**家事関連費**」部分が、事業としての支出と交じりながら一連の消費活動を行います。

そこで所得税では、さまざまな個人の支出の中から事業に必要な経費だけを選んで、所得を計算するという形になっています。

そうすると、個人事業の計算方法では、経費の計算過程において、プライベートで使ったお金と、直接的な事業活動のための経費が混同して集計されるケースもあります。そのため、これらの中で、「この経費（たとえば交際費や水道光熱費）のうち、何％くらいは家事関連費だから、その部分は所得計算上の経費に算入しないでよ」という方法が採用されます。厄介なのは、税務調査のときに、このような経費と家事関連費との区分計算が、そのまま認められないことも起こり得ることです。個人事業主に税務調査が入った場合、所得が思ったより多くなってしまうケースが多いのはこのためです。

一方、会社は、前述したようにすべてのお金の動きが、すべて事業活動という前提がありますので、経費の範囲も自然と広がってきます。上手に利用したいところです。

## 法人成りしたときの経費のメリット

**家賃**（→P.34）
住居を役員社宅扱いにできる

**出張手当、慶弔費**（→P.36）
「社内規定」をしっかり作れば
経費が増える

**車両**（→P.38）
車などの資産が全額経費になる

**生命保険**（→P.40）
条件を満たせば、
生命保険料が経費になる

**退職金**（→P.42）
退職金が経費になる

**接待交際費**（→P.46）
個人事業よりも経費と
認められやすい

# 02 住居を役員社宅にできる

個人事業主では、自宅部分の住居費を経費として認めてもらえませんでした。法人成りすると、その一部が経費として認められます。

## ●個人が住居を経費にする場合

個人事業主は、事業に必要な支出を経費として収入から差し引くことができます。もちろん、自宅兼事務所として利用しているときの**家賃**なども、事務所としての**業務にかかわる部分のみを計算（按分）して、経費として申告できます。**

しかし、自宅としてプライベートな領域に関する家賃は家事費ですから、一切認められません。

家賃の経費を計算するのに、面積で分けようと思って、事務所に該当する部分を考えてみたら、パソコン周辺と書類置き場の本当にわずかな部分しか該当しなかった、なんてよくある話です。

加えて、生計を一緒にしている家族、たとえば両親が所有している土地を借りていて、地代を支払っていても、個人事業主の場合はこれを経費として認めてもらえません。なぜなら、所得税法では、生計をともにして一緒に暮らしている家族へ計画的に所得を分散して、所得税を安くすませようという考え方を規制しようとしているからです。

## ●発想を逆転させ、自宅部分を経費に

法人成りした場合、自宅兼事務所の自宅部分の一部を経費扱いすることが可能になります。

会社が住居を借り上げて、社宅として取り扱うこ

とによって、その**家賃の住居部分のおおむね50％を経費とすることができる**のです。ここがポイントです。もし、個人事業主のみなさんが、自宅の一部を事務所や作業場として使用されているとしたら、仕事に半分も使っているでしょうか。

なかなかその理屈は通らないのが実状でしょう。そこで発想を逆転させ、仕事以外の部分は社宅として、おおむね家賃などの半分を認めてもらうような形をとることが、節税メリットのある法人化といえます。

ただし、世間相場に比べて、条件（広さや間取り、室内の豪華さなど）が非常にいい物件に関しては、「経済的利益」を会社から受けたと判断されてしまいます。つまり、現物の給料として認定されてしまうので注意が必要です。

## 個人と会社での家賃の認定の違い

（全体120㎡、家賃18万円）

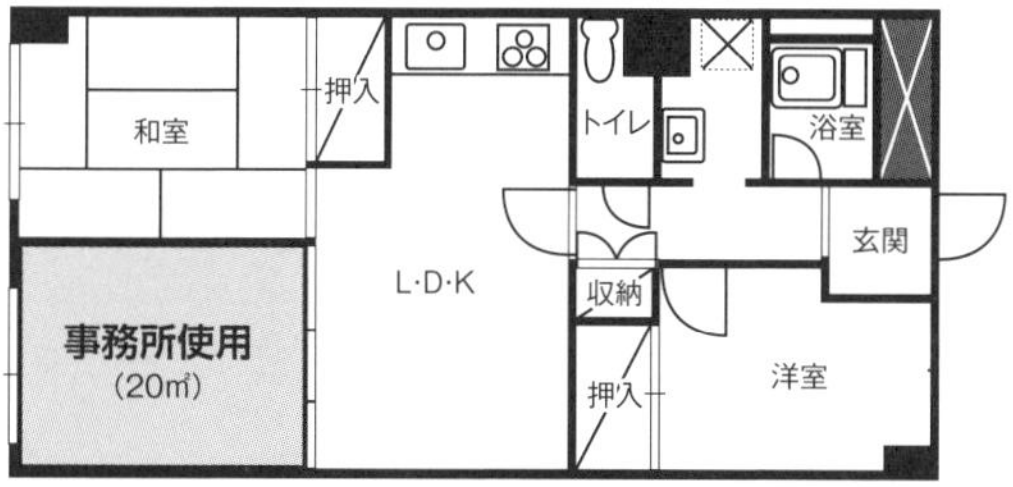

**●個人**

事務所として

18万円 × $\frac{20㎡}{120㎡}$ ＝ **3万円**

**●会社**

事務所として

① 18万円 × $\frac{20㎡}{120㎡}$ ＝ **3万円**

社宅として

② (18万円－3万円) × 50% ＝ **7.5万円**

①＋② ＝ **10.5万円**

**この差は歴然！**

年計算にしたら、7.5万円 × 12カ月 ＝ **90万円** も**お得！**

# 03 社内規定で経費を増やせる

法人成りをして、きっちりとした「社内規定」を作成すれば、業務に必要な経費の枠を広げることができます。

## 社内規定を作ろう

法人と個人は、別人格の扱いになります。そのため、個人事業主時代には認められなかった経費が、法人成りすると経費と認められるようになります。

先ほど紹介した社宅もその1つですが、それ以外にも就業規則や社内ルールを整備することで、経費の枠を増やすことができます。

このときに必要なのは、しっかりとした「**社内規定**」を作ることです。わが国の税金を集める方式は「申告納税制度」という、みずからが手をあげ、自己責任で税金を納める制度です。この方式である以上、ペーパーレスの時代なのに、残念ながら**証拠や形式が重要視されます**。

たとえば、領収証がない場合、使ったことを立証することはカンタンではありません。また、決算の時点では、まだ支払っていない費用を未払金という形にして計上するのに、もし請求書がなかったら、その説明はむずかしくなるでしょう。

同じように、業務に必要な費用に関しては、社内規定に基づいた支出なのか、そうでないのかによって、その支出の信ぴょう性が疑われてしまう可能性があります。

疑われないようにするためには、自分自身で立証できる書面が必要となるのです。

## 旅費規定を作って出張手当を経費に

国内外を問わず、業務に出張は付き物です。たとえば、商品の買付けのため、新幹線を利用して滞在先のホテルに泊まり、戻ってきたとします。このケースでは**往復の交通費も宿泊代も経費とすることが可能**です。これは個人でも法人でも同じです。

しかし、法人成りした場合は、「**出張手当**」を支給できるようになります。この場合、「**旅費規定**」を作成し、出張手当の金額を明記しておくことによって、会社としては経費扱いになると同時に、もらった**個人側も所得税が課税されない**、非課税の収入となるので大変重宝します。もちろん、異常に高額だと論外ですけどね。

## 慶弔規定を作って慶弔金を経費に

「**慶弔規定**」も同様です。個人事業主の場合、身内の冠婚葬祭費用はプライベートな支出としてほぼ経費として認められません。しかし、法人成りした後で、**慶弔規定**を整備すれば、**見舞金や弔慰金、出産祝いや結婚祝いなど、プライベートな支出ですら、遠慮なく経費扱いにすることができます。**

各種規定を作成するときは、多くの会社で規定されているような、役職や勤続年数などで金額に差をつけるような方法がいいでしょう。

税務調査では曖昧な支出は指摘される。
キチンとした社内規定が必要

# 04 車を全額経費にできる

個人事業主時代にも使用していた営業車両。法人成りすれば、全額を経費として計上することができるようになります。

## 個人事業主は事業に必要な分だけ

個人事業主の場合、経費を計算するときに、業務に関係のないプライベートなお金と、直接的な事業活動に関係する経費が混同して集計されてしまいます。そして、このうち何割かを「自己否認」という形で、みずから経費に算入しないという手続きが必要になります。

たとえば、300万円で車を買ったとします。その車を事業用として50%使用し、プライベートでも50%程度使用するとします。

この場合、半分の150万円は経費として認めてもらえますが、残りの150万円は認められません。

このように、事業に使用する割合を算出する**按分計算をすることが必要**とされていたのです。

## 会社は事業に必要かどうか

一方、法人成りした場合は、**事業用として必要なものか、そうでないかという選択になります**。つまり、事業用として車が必要ならば、そのすべてを経費とすることができるのです。

なぜならば、会社が使用する車については、**プライベートで使用することを想定していない**からです。たとえ、ほんの少しだけプライベートで使用したとしても、その部分を明確に分けること自体むずかしい話ですから、常識の範囲内であれば、全額経費として処理することが認められています。

もちろん、大きな資産ですので、一括で経費として認められることはありません。**減価償却費**として、長期にわたって処理していきます。

ちなみに、新車の場合、小型車は4年、大型車は5年、それ以外の車であれば6年をかけて徐々に経費化していきます。中古車なら、もっと早く経費と認められます。

## 個人と会社の、車の経費認定の違い

**個人** 業務用車両として、その利用割合に応じて経費になる

**会社** そもそも個人として利用する想定がないので、全額経費になる

# 05 生命保険を経費にできる

生命保険は、プライベートな意味合いが強いため、事業所得の経費とはみなされません。一方、会社は条件により、これを経費にできます。

## 個人では生命保険料は経費にならない

事業の先行きに不安があったり、いざというときに家族を守るために、死亡保障を中心とした生命保険に加入されている個人事業主の方は多いかと思います。ところが、個人事業主に対する保険で、その保険金の受取人が親族の場合、残念ながらいくら支払っていても保険料は経費になりません。

たとえ、それが事業の借入金の残債を将来的にまかなうためだとか、跡継ぎの負担を少しでもラクにしたいからだとかいうような、大義があったとしても経費になりません。つまり、親族を受取人にする場合は、プライベートな支出として生命保険に入ることになるのです。

税法では、**個人事業主の生命保険料は、最高12万円の生命保険料控除**という所得控除しかないため、節税メリットのないコストだといえます。

また、万が一のとき、生命保険の死亡保険金は、相続税の課税の対象となりますから、入口も出口も慎重に判断しないと、後で思わぬ誤算を生むことになりかねません。

## 会社では生命保険料は経費になる

これに対して、法人成りした場合、社長に対する生命保険は、契約者と受取人の両方を会社として生命保険に加入していれば、保険の種類によってはその保険料の全額を経費として扱うことができます。

あえて、おおざっぱにいうとすれば、定期保険の保険料のような、**掛け捨ての部分が経費**となります。

ところで、会社が死亡保険金を受け取ったら、個人には一銭も渡らないかというと、そうではありません。その**保険金に相当するお金を、死亡退職金として遺族へ支給**すればいいのです。ただし、この退職金の一部は個人の相続税の課税対象となります。

### 生命保険と経費の関係

●個人

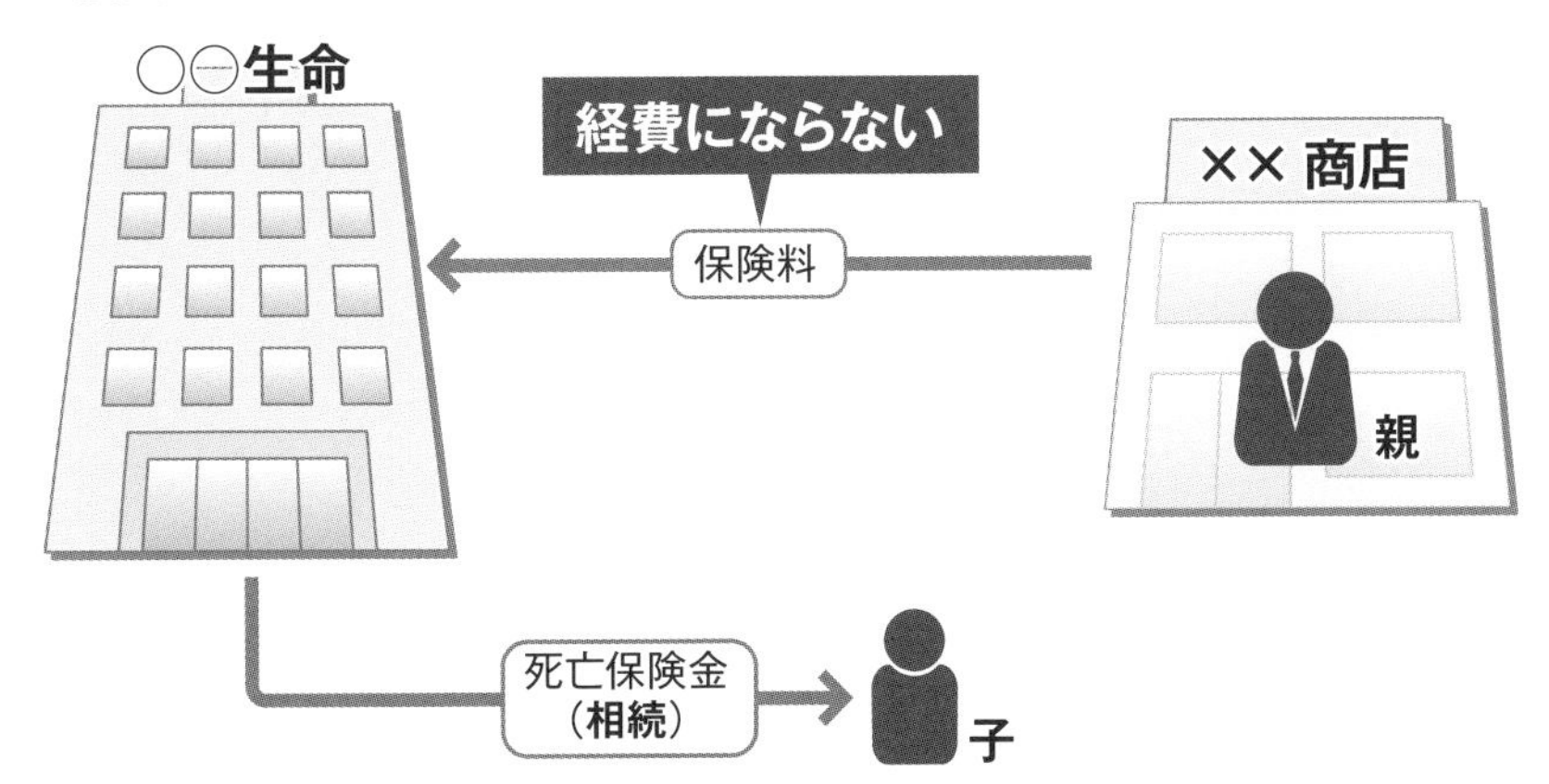


●会社

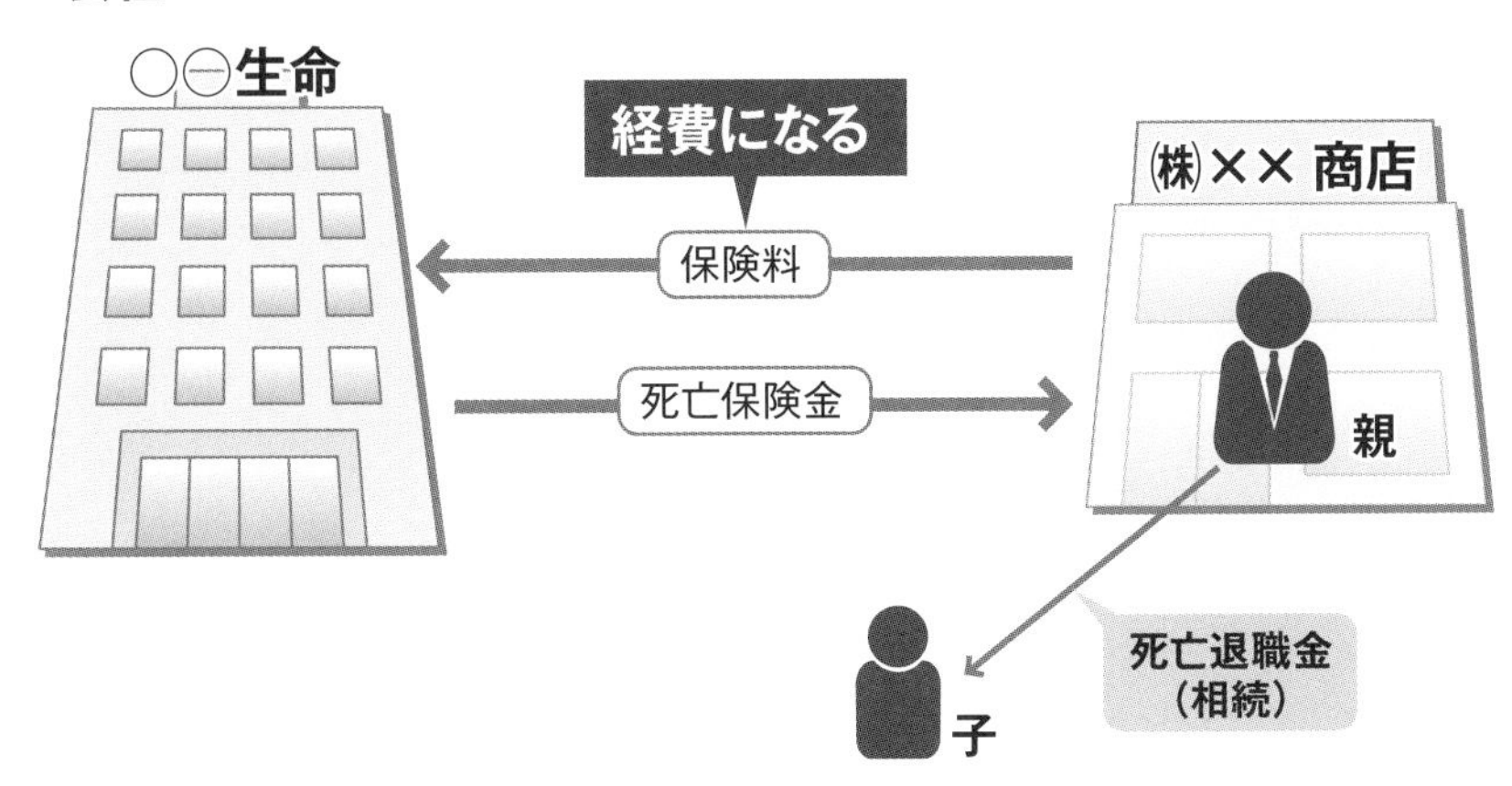

# 06 退職金を経費にできる

個人事業では、事業主の自分に対しても専従者に対しても退職金は経費とみなされません。法人成りすると、この点が経費となります。

## ●退職金の基本的な考え方

「退職金っていうけれど、そんなお金、どこに余っているの？」というのが、みなさんに共通する意見かと思います。とはいえ、「いやいや、長い間会社に功労してくれたのだから……」という親心もあるでしょう。そこで退職金を利用した節税法をご紹介しましょう。

カンタンにいえば、今すぐに、本当はこれだけの給料を支払えるのだけれど、その一部を積み立てておいて、退職金として後払いすることによって、節税できるということです。

つまり、**毎月の給料を減らしてでも、退職金として会社で貯蓄したほうが、税金が安くなる**のです。

## ●節税効果が高い退職所得の計算方法

給料に「給与所得控除」があるように、退職金にも**「退職所得控除」**という、収入から差し引ける特別な控除が認められています。

まず退職所得控除額は、80万円未満の場合は全額を控除できます。つまり、税金は一銭もかかりません。

また、勤続年数が20年以下の場合は、40万円に勤続年数を掛けた金額を控除額として、退職金から差し引くことができます。20年を超えると、それに加えて、超えた年数に70万円を掛けた金額を控除額として退職金から差し引けます。

さらに、退職所得として課税されるのは、退職金から退職所得控除を差し引いた金額のわずか半分だけです。ですから、**明らかに給与所得より有利**といえます。

## ●個人事業主の退職金はダメ

そんな節税メリットの多い退職金ですが、じつは個人事業主に対してこの考え方は認められていません。個人事業主が個人事業主に支払う退職金という考え方自体がありえないからです。

また、長年ともに頑張って働いてきた家族専従者への退職金も、経費として認められません。

ところで、退職金の積立ては、将来の年金の不安についても解消する効果があります。個人事業主のほとんどは、国民年金のみに加入しています。現状、国民年金を満額支払っても、年間80万円程度の年金しか受け取れません。

### 退職所得の計算式

退職所得 ＝（退職金－退職所得控除額）× 1/2※

※勤続年数５年以下で法人の役員を辞めると 1/2 ルールはない

**●退職所得控除額の計算方法**

| 勤続年数 | 控除額の計算式 |
| --- | --- |
| 20 年以下 | 40 万円×勤続年数<br>（80 万円未満の場合、80 万円） |
| 20 年超 | 800 万円 ＋ 70 万円×（勤続年数－20 年） |

また、老後のために資金を備える手段を生命保険に頼っても、支払額が経費として認められていません。認められている所得に対する**生命保険料控除は、たったの12万円**です（40ページ参照）。

今のやりくりも大切ですが、将来の資金はもっと大切です。

## 法人成りで退職金が経費になる

法人成りすると、会社という別の人格、すなわち、法人格からの支給となります。そのため、常識から外れたような高い金額でないかぎり、**退職金は会社の経費として認められます**。

経費として認められるのは、社長である本人だけではありません。**家族従業員への支給も認められています**。先ほど説明した退職所得の計算式を用いて、税額が安く算出されます。

これは、法人成りの大きなメリットといえます。

## 家族への退職金を活用して節税しよう

事業が軌道に乗ってくると、順調に利益を増やし、いろいろな節税を施します。その間、「経営セーフティ共済（48ページ参照）」や各種生命保険などを利用すれば、外部へお金が残るようになります。

しかし、問題はその解約する時期。このとき、解約金を受け取る会社側は、臨時収入となりますので、利益が増え、法人税がかかる場合が出てきます。

そこで、法人成りした場合、事前に計画しておきたいのが、家族従業員の退職時期。給料と同じで、一人ひとりに与えられる「退職所得控除」という権利を十分に活用できるようにしましょう。それには、事前に生命保険や共済の満期や、その解約時期、退職時期にあわせておくことをオススメします。そうすれば、解約金という会社の「益金」を、退職金という会社の「損金」で相殺し、必要以上に高い税金を支払う必要がなくなるのです。

## 退職金を活用して節税しよう

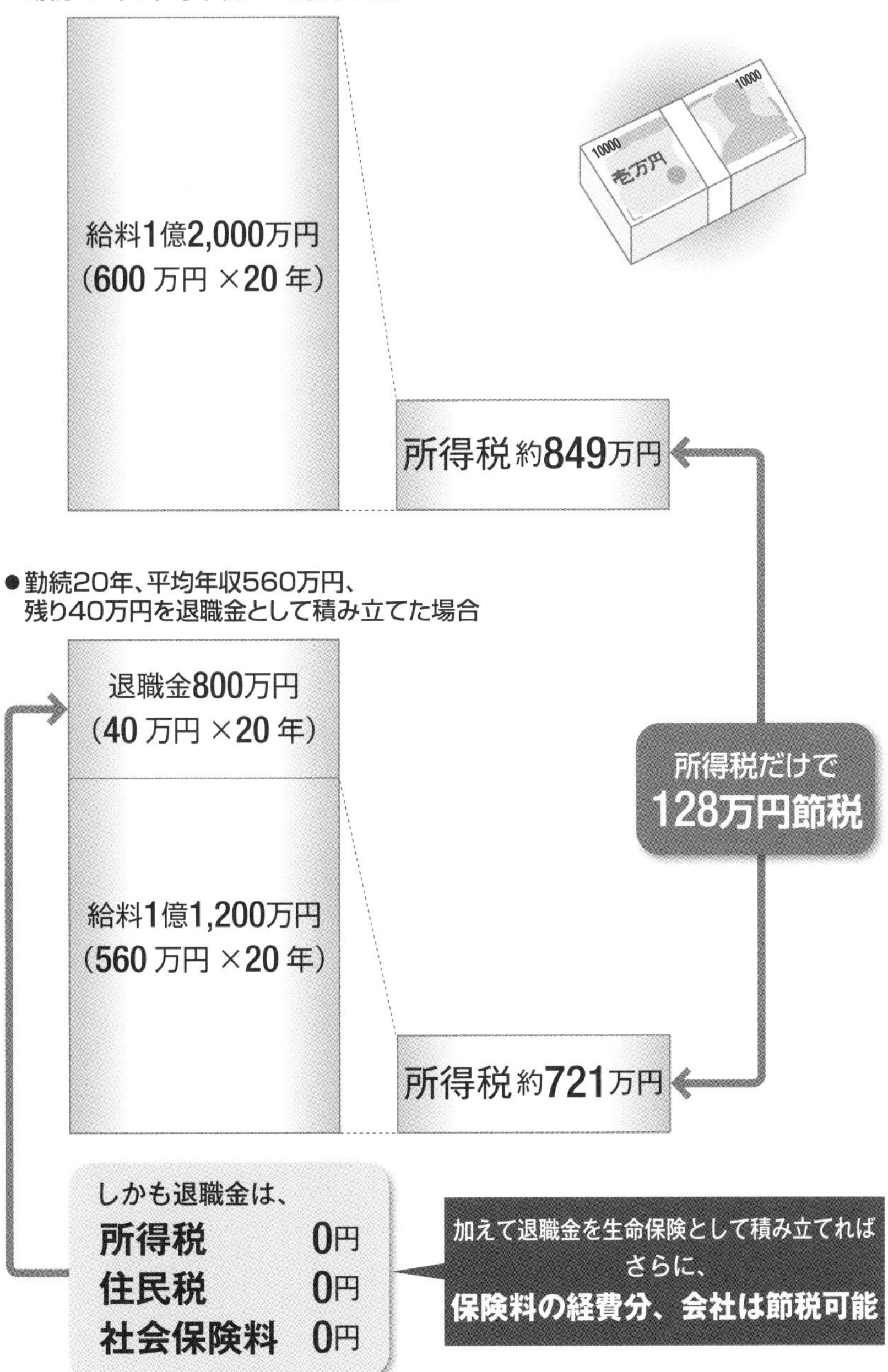
●勤続20年、平均年収600万円の場合
給料1億2,000万円
(600 万円 ×20 年)
所得税 約849万円
●勤続20年、平均年収560万円、
残り40万円を退職金として積み立てた場合
退職金800万円
(40 万円 ×20 年)
給料1億1,200万円
(560 万円 ×20 年)
所得税 約721万円
所得税だけで
128万円節税
しかも退職金は、
所得税 0円
住民税 0円
社会保険料 0円
加えて退職金を生命保険として積み立てれば
さらに、
保険料の経費分、会社は節税可能

07

# 接待交際費が経費と認められやすい

会社が経費にできる接待交際費の上限は800万円までとなっていますが、じつは個人事業よりも経費と認められやすいメリットがあります。

## ● 接待交際費を経費にできる金額

事業を始めると、取引先や関係者、あるいは同業者の方などと、いっしょに飲食をする機会や、事業を円滑に進める目的で、中元、歳暮などの贈答品を渡す機会も増えてきます。こうした仕事の関係者を接待する目的の飲食代や、金品の贈り物代を、「**接待交際費**（法人税法上の「交際費等」）」といいます。

接待交際費は、**原則として**、**損金**（**法人税を計算する基準となる費用、損失**）**にはなりません**。つまり、経費とは認められないことになっています。

ただし、これには例外があります。

その支出が必要経費と認められる場合で、**資本金1億円以下の会社は、年間800万円まで**（または接待飲食費の50％まで）**を損金算入できます**。

また**個人事業主は、必要経費と認められれば、全額を損金算入できる**ことになっています。

## ● 家事費か、接待交際費か

では、接待交際費は、損金算入できる上限額のない（使える経費の額に制限のない）個人事業主のほうが有利かというと、まったくそうではありません。

個人事業主に多く見られる経費の1つに、「**家事費**」というのがあります。これは、自分や家族のための生活費や、個人的な支出のことで、所得税法上、これを必要経費とすることはできません。

ところが、事業を進めると、家事費なのか、それとも必要経費なのか、迷ってしまう支出が発生します。これを「**家事関連費**」というのですが、個人事業主の場合、接待、交際の場面であっても、これを経費にするのは、実は至難のワザなのです。

なぜなら、例えば関係者との飲食では、当然、個人事業主も食事をします。ところが、税務調査では、「それって飲食する必要はありましたか」とか「接待といいながら、ただ晩御飯を食べているだけですよね。それは家事費じゃないですか」などと、積極的に指摘されるからです。

一方で、会社は、会社の指揮命令に従い、接待を供用するという建前があります。そのため、金額的には制限されますが、その範囲内であれば接待交際費は必要経費と認められるケースが多いのです。

ですから、日頃からランチミーティングや夜の会食が多い方は、会社にすることを検討すべきでしょう。



## 接待交際費は会社と個人事業では扱いが異なる

**接待交際費とは**

取引先や関係者などに対する、接待・交際のための飲食や、贈答品などにかかる支出

**主な接待交際費は**

- ●取引先・関係者などとの飲食費、交通費
- ●取引先・関係者などに贈る中元、歳暮などの品代
- ●取引先・関係者などの冠婚葬祭、イベントなどで渡す祝儀や香典代

**原則**

**接待交際費は、損金*にはならない！**
**（つまり、経費と認められない）**

*法人税を計算する基準となる費用、損失

**例外として**

必要経費と認められた場合で…

**法人**（資本金１億円以下）
➡**年間 800 万円まで損金算入OK**

**個人事業**
➡**全額、損金算入OK**

# 08 経営セーフティ共済を効果的に活用しよう

民間の生命保険とはひと味違う「経営セーフティ共済」と「小規模企業共済」。国が運営する積立制度を効果的に活用しましょう。

## 中小企業向けの共済制度

「経営セーフティ共済」と「小規模企業共済」は、どちらも「独立行政法人 中小企業基盤整備機構」が運営する中小企業向けの国の共済制度です。

**経営セーフティ共済**は、取引先が倒産したときに無担保、無保証人、無利子で借り入れることができる制度です。この制度の解約する時期を活用すれば退職金代わりにできます。

**小規模企業共済**は、経営者自身の退職金制度で、使い方によっては生命保険と同じ役割を果たします。

これらの制度はともに、支払うときに節税できて、原則、お金が減らずに戻ってくる共済制度です。

経営セーフティ共済は、月々5000円から20万円までを支払って、掛金が総額800万円になるまで積み立てることができます。掛金は、会社も個人も、全額を経費にすることができます。

小規模企業共済は、月々1000円から7万円までを支払って、積み立てることができます。掛金の全額が「小規模企業共済等掛金控除」として、個人の所得から差し引くことができるようになっているので、経費と同じような扱いになります。

## 解約したときの節税メリット

この2つの制度の違いは、解約したときです。

小規模企業共済は、個人事業主でも、会社の役員でも、「公的年金等の雑所得」または「退職所得」に該当し、個人として課税されます。そのときは、いずれも税金の安い所得として計算されます。

しかし、経営セーフティ共済はそういきません。解約してお金が戻ってくる場合、個人事業主も会社も「雑収入」として本業の利益と合算して一律に課税の対象となってきます。

会社が有利なのはこの点です。解約して戻ってきた「収入」と、それに見合う「経費」があれば、課税されません。そのため、家族従業員などが引退するときの「退職金」として活用すれば、会社の利益は増えません。

「退職所得」は、税金が安い所得ですから、受け取る側としても節税メリットが大きいものです。一方、**個人事業の専従者への支給は、経費とみなされません**。ここに、法人成りした場合のメリットがあるわけです。



## 経営セーフティ共済と小規模企業共済

| | 小規模企業共済 | 経営セーフティ共済 | |
|---|---|---|---|
| 毎月の掛金 | 1,000円～7万円 | 5,000円～20万円 | |
| 掛金の特徴 | 増減可能 | 増減可能。800万円が限度 | |
| 掛金の取扱い | 個人の所得から控除（経費と同様の扱い） | 経費となる | |
| 解約時の払戻し | 20年以上で満額 | 40カ月以上で満額 | |
| 払戻しの取扱い | 一時所得、退職所得、もしくは雑所得扱い | 個人 | 事業の雑収入 |
| | | 会社 | 会社の利益（益金） |

**個人事業主**の場合、突然の雑収入に見合う経費がないため、結局、**課税**されてしまう。
**会社**であれば、この利益に見合う**経費（退職金など）の計上**で相殺が可能

# どういう会社が税務調査に入られるのか？

「税務調査が嫌だったら、本店所在地を渋谷にしておこう」なんていう話を聞いたことはありませんでしょうか。

この噂の論拠は、「渋谷には会社がものすごく多いので、税務署も手が回らないんじゃないか？」っていうことです。

要するに、登録法人数が多い地域では、税務調査に当たる確率が下がるだろうという噂です。で、実際はどうかというと、これはあながちデマとはいい切れません。

税務調査における調査対象企業の選定は、KSKと呼ばれるシステムを使って、一定の収入がある法人の中から「申告漏れの可能性が高そうな会社はないか？」という基準で行われます。この場合の“一定の収入”というのが、地域差があって、都市部ではやや高く設定される傾向にあるようなのです。

もちろん、税務署も管轄の登録法人数に応じて、それなりに人員配置をしていますので、まったく手が回らないという事態にはなりません。それでも、小さな会社の場合は、都市部のほうが見逃されやすいということはいえるでしょう。

それでは、決算期はどうでしょう。

同じ理屈で、「3月決算の会社には、税務調査が入りにくい」なんていう噂もあります。

決算期別に法人数を調べてみれば、3月決算の会社と12月決算の会社は、ともに全体の3割程度となっていて、確かに決算期の集中がうかがわれます。ところが、税務調査は何月に実施しても構わないわけですから、3月決算の会社の調査も、1年かけてゆっくりやればいいわけです。つまり、手が回らないなんてことは起こりにくいですね。

そういうわけで、この噂はデマということになり、真に受けないほうがよろしいかと思います。税務調査が来ないことを祈るよりも、しっかりとした申告をして、胸を張って調査を受けるほうが健全だと思いますよ。

# 第3章

# 会社にしたときのデメリット

## ～手間～

01

# 会社にしたときの「面倒さ」というデメリット

いざ、会社を作ると、予想外に面倒な手続きが山積みです。会社は税制上のいろいろな恩恵を受ける反面、たくさんの義務が生じてきます。

## ●会社の運営は意外に面倒

「法人成りする＝会社を作る」と、優遇税制や信用面でのメリットを獲得できる一方で、さまざまな義務が生じてきます。

会社を運営することは、かわいい我が子を立派な大人に成長させていくことと、ほぼ同じ労力を要する過程があるといっても過言ではありません。

## ●会社設立からの一連の手間

まず、初めにやってくるのは、人でいえば出生届。つまり、会社という法人格を法務局に届け出る「**会社設立登記**」という作業です。

書類さえ揃えて持参すればＯＫ、ではありません。会社の憲法である「**定款**」を作ったり、会社の初期資金を出資するために銀行口座を作ったり、役員を決めたり、会社のハンコを作ったりと、その手間はとても1日では終わりません。

一度会社が動き出すと、会社のオーナーである「株主」と、会社の運営責任者である「社長」以下の役員は切り離して考えられます。そのため、たとえ「株主＝社長」でも、株主総会や取締役会、また監査報告などのいろいろな機関を、たとえ形式的であれ、**一人で何役もこなさなければなりません**。

また、会社は生き物ですから、その所在地や会社の業務内容、そして社長などが、ときの経過とともに変化することがあります。これらの意思表示は、社内だけではすみません。設立時に作った定款や登記内容を変更して、社外にアナウンスする必要があります。その手続きもカンタンではありません。

そして、毎年決算がやってくるわけですが、これもまた大変。個人事業主なら、確定申告書を税務署に提出すればおしまいです。しかし、法人成りした場合、**都道府県や市区町村への申告も必要**になってきます。

また、**社会保険は強制加入**ですし、労働保険や雇用保険だって社員を雇い入れれば、かならず加入させなくちゃいけません。

始まりがあれば、終わりも付き物。会社を作ったものの、商売が順調にいかず、会社をたたむ場合、ただでさえお金がないタイミングで、**会社を解散、清算**させる手続きは、金銭的にも労力的にも大変な作業となります。

### 法人成りしたときの「面倒さ」のデメリット

**設立、登記**
（→P.54）
定款の作成やさまざまな申請など、
会社設立時の手続きが面倒

**経理、決算**
（→P.56、P.60）
煩雑な経理作業や
決算手続きが面倒

**社会保険**
（→P.64）
社会保険の加入や
労働保険の変更手続きが面倒

**議事録の作成**
（→P.68）
大切な意思決定は、
決議とその議事録が必要になる

**大切な事項の変更**
（→P.70）
会社の大切な事項を
変更したときの手続きが面倒

**会社の清算**
（→P.72）
失敗したときに
会社をたたむのが面倒

02

# 会社設立時の手続きが面倒

会社を設立すると、公証役場、税務署、年金事務所など、官公庁にさまざまな書類を提出しなくてはなりません。

## 会社設立に必要な書類

会社を設立するためには、さまざまな書類を提出しなければなりません。

たとえば、現在商売をしている住所を管轄している登記所（法務局）へ、会社を設立したことの登記を申請する必要があります。

このときに、公証役場に認証してもらった「定款」のコピーを添付しなければなりません。定款は会社の大切なことを書いた書類のことで、会社の憲法といってもいいものです。会社の憲法を作るのですから、**定款の作成はなかなか大変な作業**です。

また、税務署に、法人設立の届け出や、青色申告を受けるための届け出をすることも必要です。

さらに、年金事務所に書類を提出するなど、やるべきことは本当にたくさんあります。

## 変更の作業もなかなか面倒

法人成りするには、**個人事業主を廃業する必要があります**。そのために、税務署にその旨を知らせる手続きが必要となります。また、従業員を雇用している場合は、法人成りしたことを**労働基準監督署やハローワークに届け出なければなりません**。

飲食店やリサイクルショップ、理・美容院などを営んでいる場合、保健所や警察署などから許認可を受けているはずです。そうしたところへ法人成りしたことを届け出る必要もあります。

また、賃貸借契約やリース契約が残っている場合も、変更するための手続きが必要となります。

**会社設立に必要なおもな手続き（書類）**

| 提出するところ | おもな手続き（提出書類） | |
|---|---|---|
| 公証役場 | 定款の認証 | |
| 登記所（法務局） | 株式会社設立登記申請書（添付書類「定款のコピー、発起人決定書など」）、代表印の登録など | |
| 税務署 | 個人 | 個人事業の開廃業等届出書、所得税の青色申告の取りやめ届出書、事業廃止届出書など |
| | 会社 | 法人設立届出書（添付書類「定款のコピー、登記事項証明書など」）、青色申告の承認申請書など |
| 都道府県や市区町村の税務課 | 個人 | 事業廃止等申告書など |
| | 会社 | 法人設立届出書（添付書類「定款のコピーなど」）など |
| 年金事務所 | 健康保険・厚生年金保険新規適用届（添付書類「会社の登記簿謄本など」）など | |
| 労働基準監督署 | 労働保険保険関係成立届（添付書類「賃金台帳、会社の登記簿謄本など」）など | |
| ハローワーク | 雇用保険適用事業所設置届（添付書類「会社の登記簿謄本、労働者名簿、賃金台帳など」）など | |
| その他公的な機関 | 保健所・警察署・都道府県出先機関などへの営業許可関係の手続き | |
| その他の手続き | 賃貸している店舗の契約者変更、金融機関の預金口座開設、代表印の作成・登録、残っている借入金やリース債務の継承など | |

# 03 日々の経理作業が面倒

会社のオーナーは、個人のサイフと会社のサイフが一緒ではいけません。また「複式簿記」での帳簿づけ、決算時の書類作りは大変です。

## 会社のサイフと個人のサイフを分ける

個人事業主時代の経理処理は、個人商店の収入や支出を単に追えば、正しい結論に出会うことができました。

しかし、法人成りをした場合、そうカンタンにはいきません。

まず、会社という別人格のサイフと、社長個人のサイフは、まったくの別物です。社長のサイフの中がスッカラカンだからといって、**会社からお金を融通すると、その瞬間に「役員賞与」**となります。役員賞与となった場合、個人に所得税が課税されてしまいます。また、役員賞与は会社の経費として認めてくれません。

「じゃあ、借りたことにすればいいんでしょ」という逃げ道があるかもしれませんが、じつはこれも危険です。

たとえば、銀行から会社がお金を借りていて、そんな大変なときに、社長に貸した「社長貸付金」なるものが帳簿に残っていたら、銀行側はなにを思うでしょうか。「会社の資金繰りのためと思ってお貸ししたのに、それを個人で使っちゃっているのですね」なんて疑われはじめたら、会社の信用なんてガタ落ちです。それに、「じゃあ、本当はもっと役員報酬をとらなければ回らないのに、とれないんだな」

と、実態としての赤字を露呈することにもなってしまいます。

面倒でも、社長と会社のサイフは分けること。このことに違和感を覚える方は、まだまだ社長の器ではありません。会社を作ることは考え直したほうがいいでしょう。**健全な商売に、健全な帳簿あり**。社長が自分の身を律してこそ、安定的で信頼のある組織ができあがってくるのです。

## ●「複式簿記」とは

「簿記」と聞いただけでアレルギー反応を起こす方もいらっしゃいますから、言葉を選んでカンタンに説明しましょう。

個人事業主時代は、商売の収入と支出を明らかにすれば、なんとか確定申告をすますことができました。現金出納帳や預金出納帳、経費帳といった帳簿を使って、売上や経費などを記録することですんでいました。このやり方を「**単式簿記**」といいます。

一方、もっと手間のかかるやり方を「**複式簿記**」といいます。

たとえば、売上を獲得すると、お金が増えますよね。仕入を支払うと、お金は減りますよね。「売上の獲得」と「お金の増加」、または「仕入の支払い」と「お金の減少」という2つを、同時に考えるやり方が、複式簿記の基本です。

会社のサイフと個人のサイフはしっかり分ける

これは、1つひとつの取引が、それぞれ会社の資産や負債を増減する「原因」となり、収益や費用がいくらかかったかという「結果」となる考え方です。この二面性を同時に認識して記録を残す方法を「複式簿記」というのです。

## ●会社は複式簿記で記録する

個人事業主の場合は、複式簿記で記録しなくても確定申告をすますことができました。

しかし、**会社では、かならずこの複式簿記を採用しなければなりません。**

ただ単に、決算日にお金を数えたらいくらだったとか、借金の残高はいくらだったとかでは、法人税法の世界では通用しません。

法人税法が求める帳簿や決算書には、複式簿記を基本としたお金の流れの立証性に長ける経理処理が求められているのです。

## ●複式簿記の記録は大変

あなたが個人事業主時代に、単式簿記で記録していたのなら、複式簿記の概念を理解するのに苦労するかもしれません。

でも、これまで個人事業主として経理処理をしてきたのですから、カンタンな取引ならばすぐに覚えられると思います。

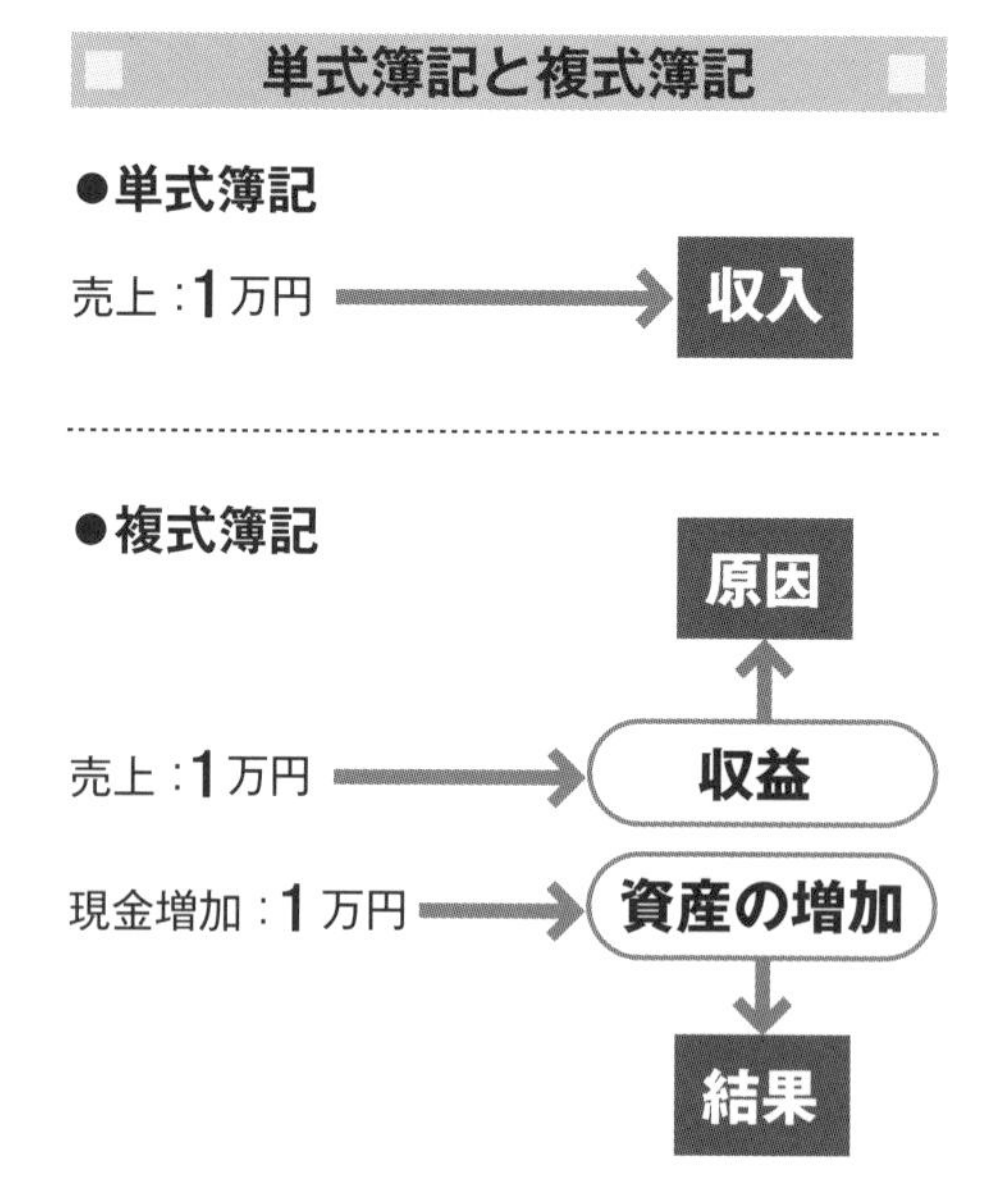

単式簿記は1つだけ記録、複式簿記は2つ記録

たとえば、現金で1万円売り上げた場合などは、すぐに理解でき、記帳もむずかしくないでしょう。「売上：1万円、現金増加：1万円」という記録をすればいいだけですから。

しかし、売上1万円が、振込手数料の330円を差し引かれて、銀行口座に9670円振り込まれたとしたらどうでしょうか。

個人事業主時代は、「売上：1万円」を預金出納帳に記録し、「支払手数料：330円」を経費帳に記録すればOKです。

法人の場合は、「売上：1万円、預金増加：1万円」と「支払手数料：330円、預金減少：330円」を記録しなければなりません。この仕組みを覚えるのって、最初は時間がかかるものです。

でも、そんなに心配はいりません。最近はパソコンの会計ソフトがありますので、**個人事業主時代に覚えた簿記の知識があれば、それほど手間はかかりません。**

## 単式簿記と複式簿記での記帳例

### ●単式簿記

#### ●預金出納帳

| 月　日 | 取　引　先 | 摘　　要 | 入　金 | | 出　金 | | 差引残高 |
|---|---|---|---|---|---|---|---|
| | | | 預金売上 | その他 | 預金売上 | その他 | |
| 1月15日 | 売上 | 商品代金 | 10,000 | | | | 10,000 |
| | | | | | | | |
| | | | | | | | |

#### ●経費帳

| 月　日 | 摘　　要 | 仕入 | 租税公課 | 支払手数料 | 水道光熱費 | 旅費交通費 | 通信費 | 広告宣伝費 |
|---|---|---|---|---|---|---|---|---|
| 1月15日 | | | | 330 | | | | |
| | | | | | | | | |
| | | | | | | | | |
| | | | | | | | | |

### ●複式簿記

#### ●振替伝票

| 月　日 | 金　額 | 借方科目 | 摘　要 | 貸方科目 | 金　額 |
|---|---|---|---|---|---|
| 1月15日 | 9,670 | 普通預金 | 商品売上 | 売上 | 10,000 |
| | 330 | 支払手数料 | 振込手数料 | | |
| | | | | | |
| | 10,000 | | 合　計 | | 10,000 |

※普通預金は相殺されて入金されてくる。

# 04 決算手続きが面倒

法人成りをすると決算のスケジュールがタイトになり、地方自治体への申告が増えるなど、手続きも面倒になります。

## ●会社の申告はスケジュールがタイト

**決算**は毎年やってくるわけですが、法人成りするとこれもまた大変です。

個人事業主は廃業でもしないかぎり、12月31日が決算日となります。一方、法人成りすると、設立時に決算日をいつにするかを定款に記載することで、自由に決めることができます。

個人事業主の場合、12月31日に帳簿を締め、所得税は翌年の3月15日までに申告をします。消費税は、3月31日までです。しかし、法人の場合、法人税も消費税も原則として、**決算日から2カ月以内に申告を終えなければいけない**ことになっています。

加えて、個人事業主の場合は、口座引落としを希望することにより、税金の納付期限が申告期限の約1カ月後となるため、いくらかの余裕がありました。しかし、会社の場合は、原則として申告期限が納付期限となっています。そのため、事務手続きも納税資金の確保も同時に進行させなければなりません。

## ●申告は税務署だけにとどまらない

じつは、個人の確定申告書は複写式になっていて、すべてを税務署に提出すると、複写された2枚目が納税地である市区町村に自動的に提出されます。

会社になると残念ながら、所轄の税務署、都道府県の出張機関である**都道府県税事務所、市区町村に、それぞれ申告書類を別々に作成**して届け出なければなりません（東京都の特別区など例外あり）。

これに加え、たとえば医療法人の場合、決算後に毎年登記しなければなりません。都道府県にも事業報告書を毎年提出することが必要になります。

このように、業種によってはさまざまな届け出が必要となりますから、会社を作ると、その事務作業量は膨大になります。

## ●個人と会社の申告が必要なケースも

給与所得者の場合、基本的に個人



**決算日から、申告・納税までの流れ**

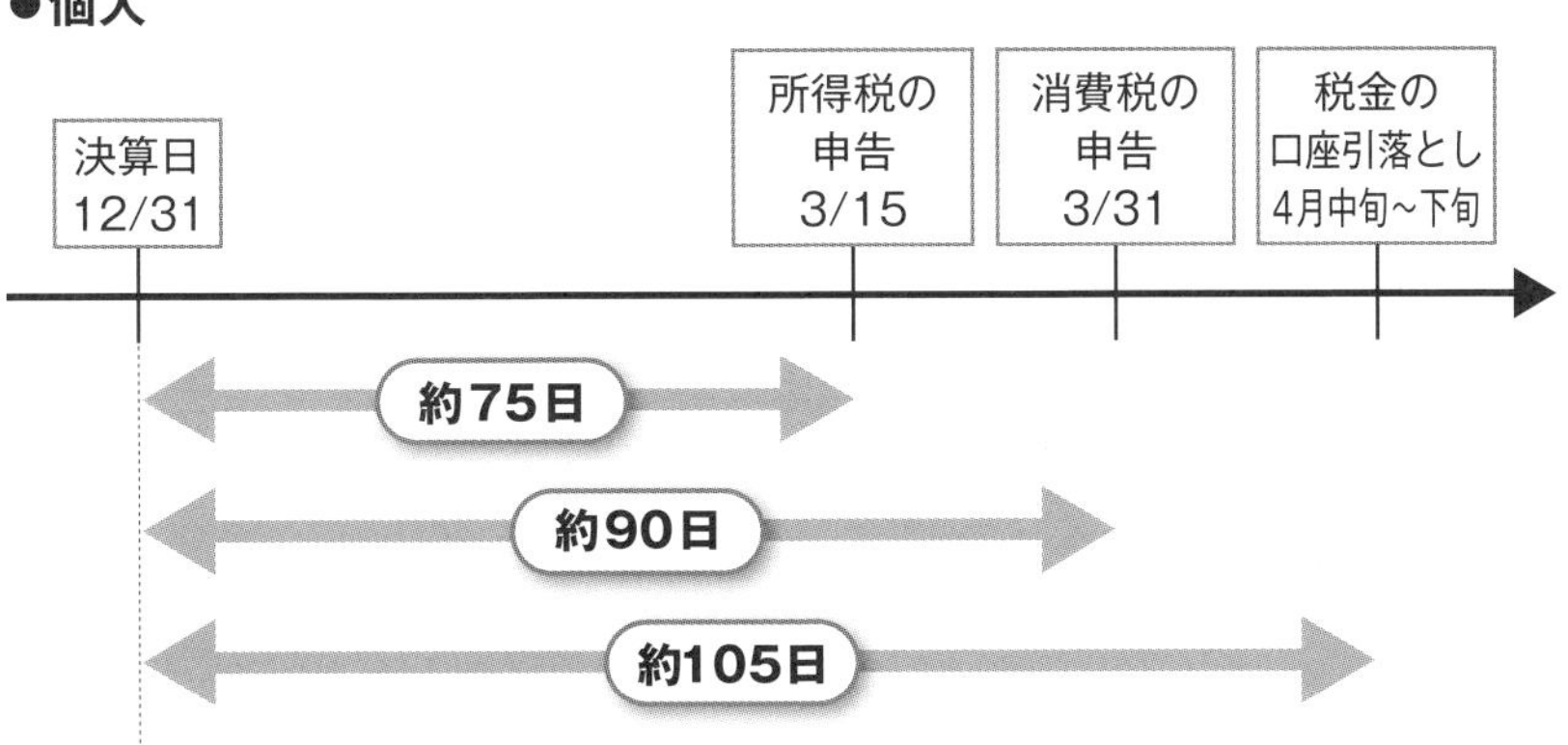


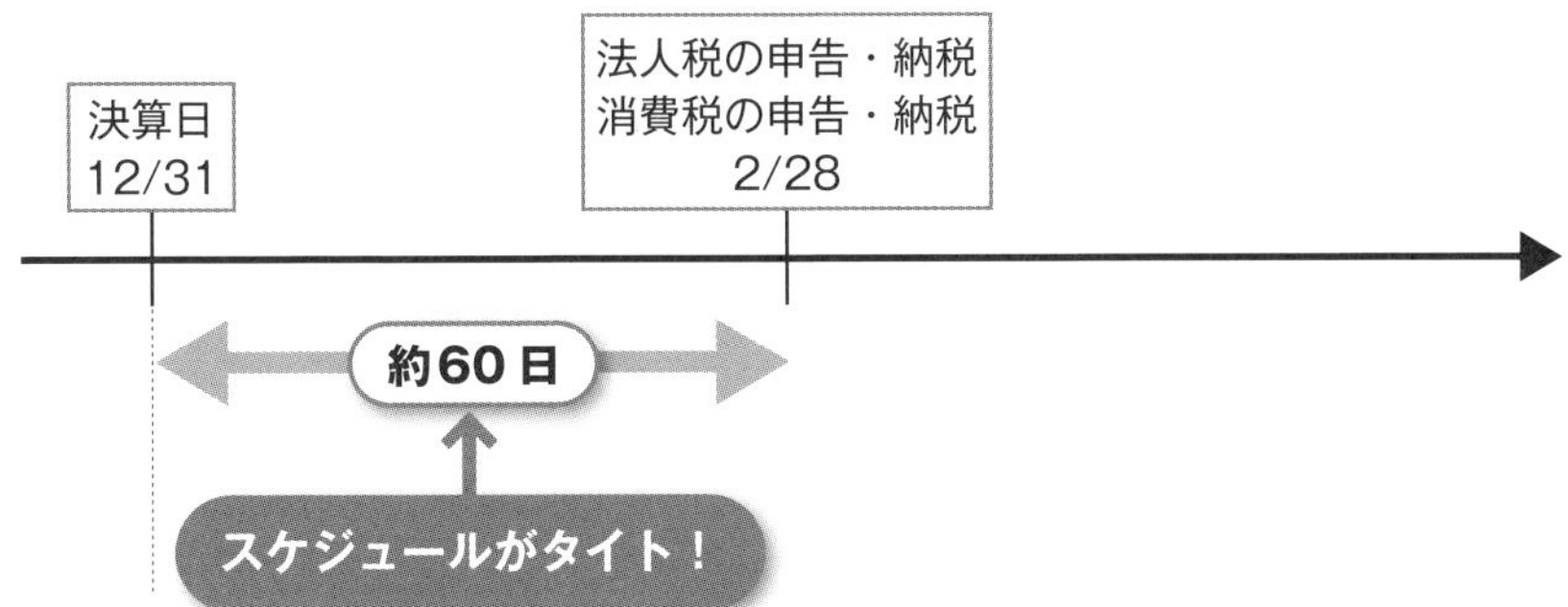

の確定申告は不要となります。年末調整という手続きを行うことが、確定申告の代わりになるからです。ただし、株式投資で損をした年の損失を、翌年以降に繰り越す場合などは、確定申告が必要です。

この場合、個人と会社の両方の確定申告が必要となり、手間がかかります。

## ●貸借対照表が必要になる

個人事業主の確定申告のときは、収入や支出を把握するような決算書（**損益計算書**）の作成だけでも問題ありませんでした。

しかし、会社の場合は、それだけでは足りません。会社の場合は「**貸借対照表**」という決算書も必ず作らなければなりません。

会社は「**複式簿記**」を使って記録します。この記録の仕方は、取引の「原因」と「結果」の両方を記録するものでした（57ページ参照）。会社の資産や負債が増減する「原因」と、収益や費用がいくらかかったかという「結果」がわかるものでしたね。

複式簿記で記録すると、収入や支出だけでなく、資産や負債などの詳細もわかります。それを決算書に落とし込んだもの、それが貸借対照表です。会社の確定申告には、この**貸借対照表の提出も求められる**のです。

つまり、損益計算書と貸借対照表の2つの決算書が、確定申告時に必要となるわけです。法人成りすると、このような貸借対照表を作る手間が、余計にかかるのです。

ただし、もしもあなたが、個人事業主時代に65万円控除を得られる青色申告をしているのなら、すでに複式簿記で記録しているはずですし、貸借対照表も作っているはずです。

もともと手間をかけて複式簿記での記帳、貸借対照表の作成をしているわけですから、法人成りしてもこの部分の手間はほとんど変わりません。

## 決算書を活かす方法

このように手間のかかる決算ですが、悪いことばかりではありません。それは、**経営のヒントとして使える**ことです。

損益計算書と貸借対照表の2つをあわせれば、自分の事業の強みと弱みが見えてきます。それを経営に活かしていくことができるわけです。

最初は決算書を経営に活かすことはカンタンではないかもしれません。しかし、決算書を活用できなければ、いつまで経っても「勘」で商売をしているようなものです。数字の意味を知り、活用できるようにならなければ、会社を大きく成長させられません。

法人成りをするのでしたら、そのくらいの覚悟はほしいところです。

損益計算書と貸借対照表の2つをあわせれば
「なぜ、儲かったか？」「どうすればもっと儲かるか？」がわかる

# 05 社会保険や労働保険の手続きが面倒

法人成りすると、社会保険にかならず加入しなくてはなりません。また、従業員が増えるたびに手続きが必要となります。

## ●社会保険とは

一般的に社会保険というと、「健康保険、厚生年金保険、労災保険、雇用保険」の4つのことを指します。

この4つを、2つのグループに分けて「**社会保険**（健康保険、厚生年金保険）」と「**労働保険**（労災保険、雇用保険）」と呼ぶ場合もあります。

本書では、後者の2つのグループ（「社会保険」と「労働保険」）に分けたケースで紹介します。つまり、**本書でいう社会保険とは、「健康保険」と「厚生年金保険」の2つのこと**です。

ちなみに、40歳以上の方が加入する「**介護保険**」は、

### 社会保険とは？

この4つをあわせて
社会保険ともいう
健康保険（一部、介護保険）
厚生年金保険
労災保険
雇用保険
この2つを
社会保険という
この2つを
労働保険という
本書でいう
「社会保険」はコレ！

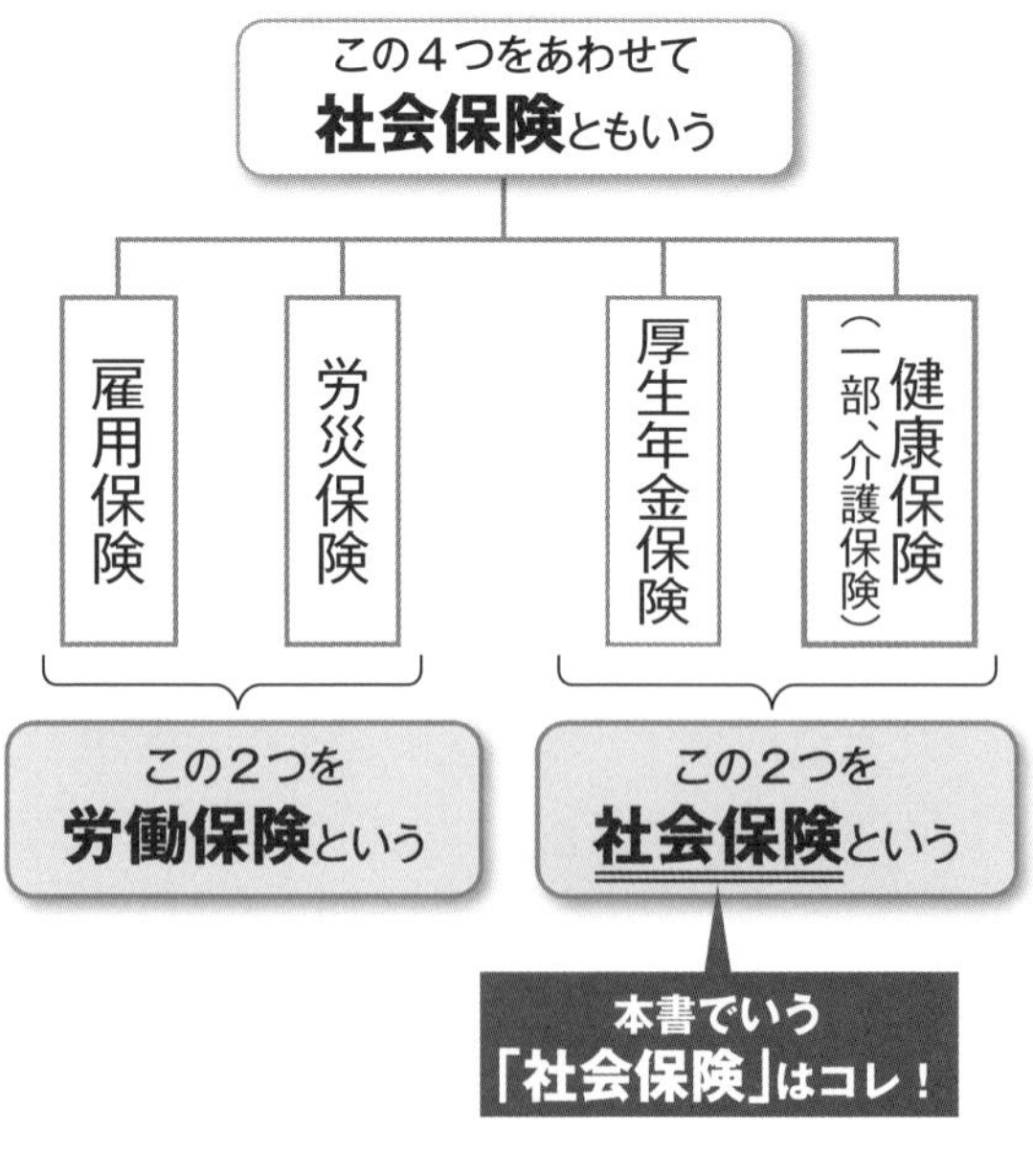

健康保険料と一緒に徴収されるため、ここでは同じ扱いとして考えます。

## ●会社は社会保険に強制加入

個人事業主のみなさんは、医療保険を「国民健康保険」、年金の積立を「国民年金」でまかなっています。

5名以上の従業員を雇っている一定の業種では、正社員のみを社会保険に加入させている事業所もあるでしょう。

ところが、法人成りした場合は、事業主自身も家族従業員も正社員も、その常勤社員全員が社会保険に強制加入することになります。

「私（従業員）は、○○商店時代から国民年金だから、これから会社を作って社会保険に入るっていったって、もらえる年金はたかがしれてるし、ましてや、社会保険料を給料から引かれると手取りがぐっと減っちゃうので、遠慮しておきます」などと考えても、本人の意思に関係なく、社会保険に加入しなくてはなりません。

さらに、社会保険に入った場合は、健康保険料、厚生年金保険料のどちらも、会社が半分を負担しなければならなくなります。

社会保険に加入しなくていいのは、正社員に比べて、一般的に4分の3未満の労働時間であるパートタイマーくらいですから、会社負担の保険料は突然膨れ上がるというわけです。

■ 個人と会社の社会保険の加入義務 ■

| | 従業員なし | 従業員あり |
|---|---|---|
| 個人 | 加入義務なし | 加入義務なし（5人以上で一定の業種の場合は強制） |
| 会社 | 加入義務あり | |

## ●社会保険の手続きは面倒くさい

保険料負担の覚悟を決めて、いざ会社として社会保険に加入しようとすると、強制加入なのに面倒な手続きが山積みとなります。

手続きする先の年金事務所に提出する書類として「健康保険・厚生年金保険新規適用届」や「事業所現況届」「健康保険・厚生年金保険被保険者資格取得届」など多数あり、添付書類も年金手帳や会社の登記簿謄本などたくさん必要となります（詳しくは182〜189ページ参照）。

**法人成りしたときの社会保険の手続き**

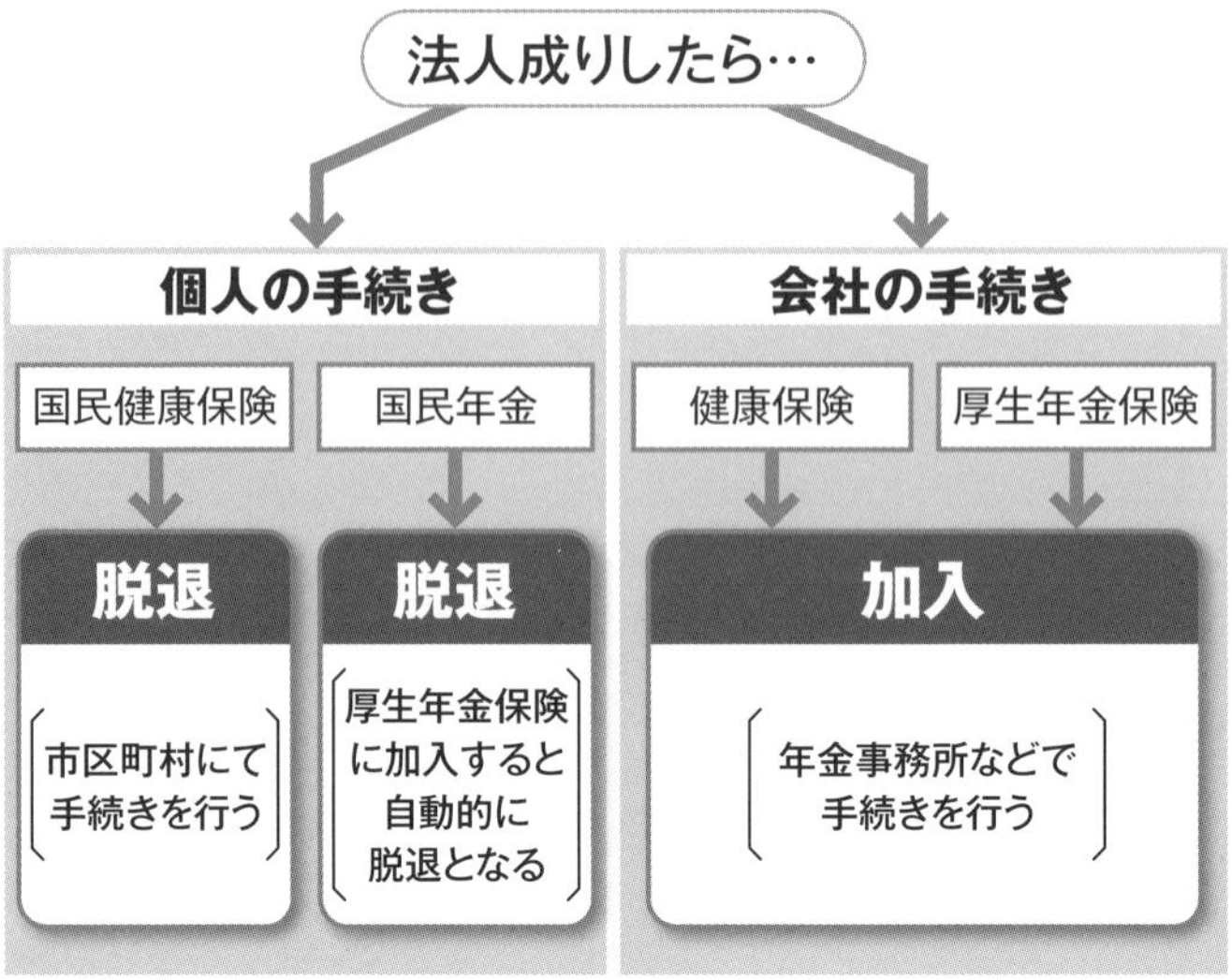

法人成りしたら…

**個人の手続き**

- 国民健康保険 → **脱退**（市区町村にて手続きを行う）
- 国民年金 → **脱退**（厚生年金保険に加入すると自動的に脱退となる）

**会社の手続き**

- 健康保険・厚生年金保険 → **加入**（年金事務所などで手続きを行う）

法人成りすると、国民健康保険、国民年金を脱退して、社会保険の加入手続きが必要

## ●従業員が入るたびに手続きが必要

社会保険は、**従業員の入社・退社のたびに、年金事務所へ届け出をすることも必要**となります。

保険料の決定や徴収に関しても、国民健康保険であれば、住まいのある市区町村が前年の所得に応じて保険料を計算し、納付書を送ってくるのを待っているだけでよかったのですが、社会保険になると従業員一人ひとりの給料を年1回報告し、給料額に応じた社会保険料の「等級」を加入者ごとに決定しなければなりません。

賞与を出しても、届け出を行って保険料を納めなければいけません。「従業員が頑張っているから給料をアップしてあげようかな……」というときにも、また逆に「業績が悪いから給料を下げないと……」というときにも、「給料が変わりました」という報告をしなければなりません。まさに**「しなければいけない」ことだらけ**です。

これらの義務を怠るとどうなるか……。たとえば、賞与を支払ったという届け出をし忘れたら、従業員の厚生年金に賞与の金額が加算されなくなってしまいます。「賞与から保険料が引かれているのに、ねんきん定期便の自分の記録に入っていない！」なんて、従業員に訴えられたら大変です。後から届け出をして賞与の社会保険料をまとめて納付しなければならなくなっちゃいます。

社会保険の料率もしょっちゅう変わるので、「いつも見ている料率表が、いつの間にか古くなっていた」なんて話もよく聞きます。

厚生年金の料率は、年々上がってきています。こうなると、従業員の給料から実際よりも安く保険料を引いていた、なんてことにもなりかねません。会社はただでさえ従業員の社会保険料を半分負担しているのに、これでは大損しちゃいます。

とにかく、手続きが多くてわかりにくいのが、「社会保険」という制度なのです。

## 従業員を雇えば労働保険は強制加入

労働保険（労災保険と雇用保険）は、会社が従業員を1人以上雇えば、かならず加入しなければならない保険制度です。これは会社に限らず、個人事業主でも同じです。従業員のために、かならず入らなければなりません。

法人成り後も引続き加入していたい場合、労災保険に関しては労働基準監督署に、雇用保険に関してはハローワークに、それぞれ名称を変更した旨を届け出なければなりません。

06

# 大切な意思決定には決議が必要になる

会社は社長のものではなく、株主のものです。そのため、大切なことは株主総会を開いて、議案を決議しなければなりません。

## 株主が一番えらい

会社の中で「一番えらいのは社長」と、よく勘違いされます。これは、中小企業が「社長＝株主」だからですが、本当にえらいのはオーナーである「**株主**」です。

株主の集まりを「**株主総会**」と呼び、取締役や監査役を決めたり、決算の承認をしたり、定款を変更したりと、会社の重要事項を「**決議**」します。

ちなみに、基本的な事項を決める決議を「普通決議」、もっと大事なことを決める決議を「特別決議」、もっともっと大事なことを決める決議を「特殊決議」と呼びます。

重要な議題ほど、それを承認するのに必要な出席株主数や議決権の割合が増えていきます。

でも、法人成りしたばかりの会社は、株主が自分一人というケースがほとんどでしょう。そのため、普通だろうが、特別だろうが、特殊だろうが、**自分一人でほとんどすべて決めることが可能**です。

## 議事録は残しておこう

とはいいつつ、実質一人でなんでも決めちゃっても、その過程の「**議事録**」は残す必要があります。

じつは、これが意外に面倒な作業です。そのため、決算後に次の役員報酬を決める議事録を「税理士」

にお願いしたり、会社の住所や目的、役員などの重要な変更があった場合の登記に必要な議事録は「行政書士」や「司法書士」と呼ばれる、その道の専門家に依頼すること少なくありません。

でも、会社という母体を作ったら、運営自体は会社法に拘束されます。いつでも会社法にのっとった、形式的できちんとした仕組み作りをしていないと、後で思わぬ罰金や損をする場面が出てきてしまいます。

## ●いろいろな機関と役割

会社の機関にはいろいろなものがあります。たとえば「**株主総会**」は、会社の大本を決定する、いわゆる最高意思決定機関です。資本の増減や決算の承認、取締役や監査役の選任など、もっとも重要な意思を決定します。

「**取締役会**」は、株主総会で決まった大枠の範囲内で、会社の実態を動かす業務上のトップ機関です。代表取締役の選任や営業方針、人事案件など、さまざまな業務の詳細を決定します。

「**監査役**」は、会計の監査を行うことがメインの役割です。また、取締役がきちんと業務を執行しているかという業務監査もこなします。

株主総会を
はじめます
はい!
カキ
カキ


一人で株主総会を
開催する

07

# 会社の変更手続きも大変

会社の「登記簿謄本」は、法務局に行けば、だれでも見ることができます。だれでも見られる分、内容が変わった場合の登記は重要となります。

## 会社として登記しなければならない事項

一般的な中小企業で、登記して社外に公表されている「**登記事項証明書（登記簿謄本）**」に書かれている事項は、次のとおりです。

「商号」「本店」「公告をする方法」「会社成立の年月日」「目的」「発行可能株式総数」「発行済株式の総数並びに種類及び数」「株券を発行する旨の定め」「資本金の額」「株式の譲渡制限に関する規定」「役員に関する事項(取締役)」「役員に関する事項（代表取締役）」「役員に関する事項（監査役）」「取締役会設置会社に関する事項」「監査役設置会社に関する事項」「登記記録に関する事項」など

この中で、後から変更できないのは「会社成立の年月日」くらいです。裏を返せば、それ以外の**会社の重要事項を変更したときは、すべて登記記録の変更を申請しなければなりません。**

残念なことに、「登録免許税」という、登記するための費用だっていちいちかかってきてしまいます。

また、実務で忘れがちなのは、「役員変更登記」。役員には、最高10年までの任期がありますが、たとえ役員の顔ぶれに変更がなくても、満期後に直ちに変更登記を申請しないと、罰金がかかってしまいますので要注意です。

## 登記事項証明書の例

| | |
|---|---|
| **商号** | ○○ホームページ制作株式会社 |
| **本店** | 東京都台東区台東○丁目○番地 |
| **公告をする方法** | 官報に掲載して行う |
| **会社成立の年月日** | 令和○○年○月○日 |
| **目的** | 1、インターネットのホームページの制作<br>2、インターネットを利用したマーケティング情報の提供サービス<br>3、前各号に付帯する一切の事業 |
| **発行可能株式総数** | 100 株 |
| **発行済株式の総数並びに種類及び数** | 発行済株式の総数　100 株 |
| **株券を発行する旨の定め** | 当会社については、株券を発行しない |
| **資本金の額** | 金 200 万円 |
| **株式の譲渡制限に関する規定** | 当会社の発行する株式を譲渡によって取得するには、取締役会の承認を要する |
| **役員に関する事項** | 取締役　新星　一郎<br>取締役　藤木　二郎<br>取締役　関根　俊輔<br>代表取締役　関根　俊輔<br>監査役　村形　聡 |
| **取締役会設置会社に関する事項** | 取締役会設置会社 |
| **監査役設置会社に関する事項** | 監査役設置会社 |
| **登記記録に関する事項** | —— |

# 08 失敗したときに会社をたたむのが面倒

創業時の夢や希望。残念ながら、成功しないことも……。失敗しても会社は存在しつづけます。会社をたたむときは、労力や資金が必要です。

## 悲しく大変な会社の結末

どんな人でも、自分の起こした会社がずっとつづいてほしいと願ってやみません。

しかし、どんなに優秀なカリスマ社長でも、100％商売がうまくいく保証は残念ながらありません。

個人事業主でしたら、失敗して商売をやめると「廃業」です。廃業といっても、最後の年の収入に関する確定申告をするなどでOKですから、手続きはそれほどむずかしくありません。

しかし、会社を万が一失敗させると、その結末はとても大変です。

原則的には、**会社を法律どおり「解散・清算」させなければなりません**。これは、一度世の中に生み出された会社の解散を通知して、残っている財産を清算し、それが終了したことを税務署や法務局へ報告するということです。

この処理は、開業当初と一緒で、解散や清算の手続きを税理士や司法書士などに任せる人が多いくらい面倒な作業です。ましてや、破産や民事再生などになれば、弁護士にもお願いしなければなりません。つまり、金銭的にも労力的にも精神的にも追い詰められます。

加えて、1つ知っておきたいことは、会社を清算するときに、帳簿上の資本以上の財産が残っていれば、これが課税されてしまうというデメリットがあることです。

現実的には、解散のみを行うとか、解散も清算も行わず、実質「**休眠会社**」として名前だけを残しているケースが多数見受けられます。また、商売で失敗して自分は転職したのにもかかわらず、会社として借りた借金を返すためだけに存在し、税務申告していない会社だってたくさんあります。しかし、そのようなやり方は、はっきりいって違法です。

また、法人格が残っている以上、「法人住民税の均等割（111ページ参照）」という、赤字でも課税される税金の納税義務は毎年発生してしまいます。失敗すると、その代償は大きくなるのです。

**通常の会社をたたむスケジュール**

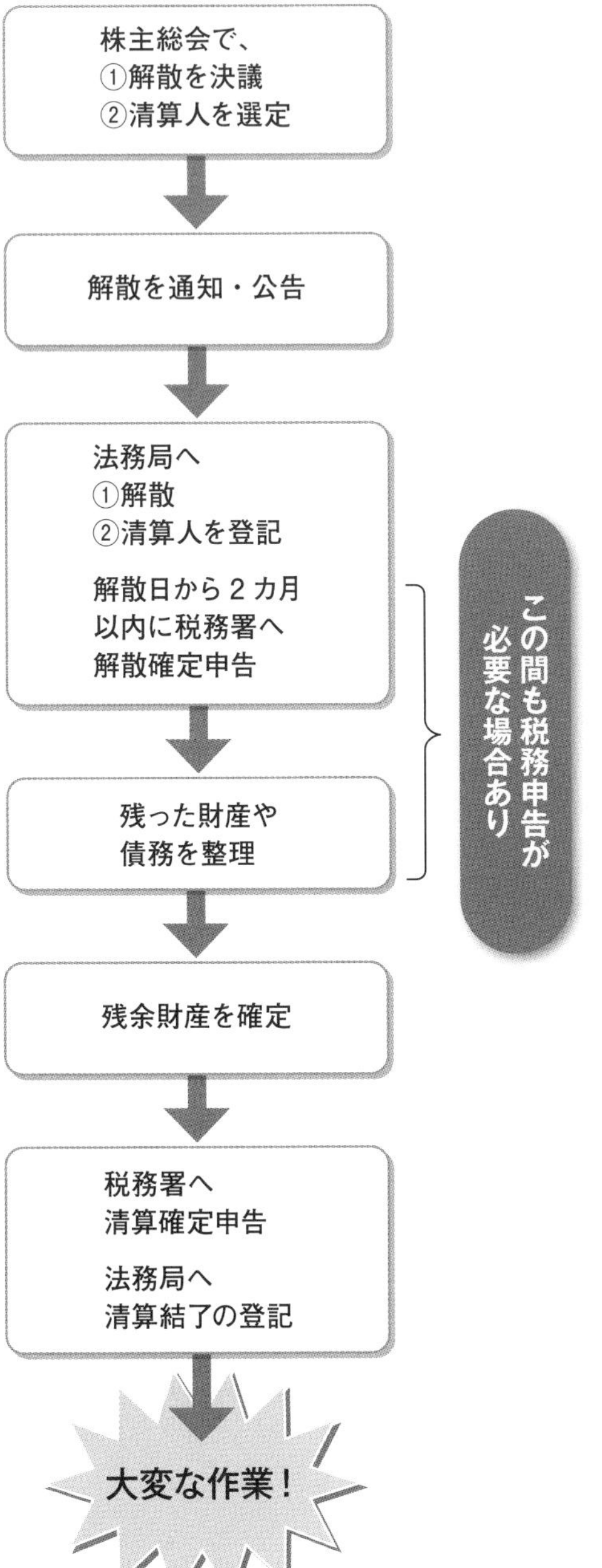

株主総会で、
①解散を決議
②清算人を選定

↓

解散を通知・公告

↓

法務局へ
①解散
②清算人を登記

解散日から２カ月以内に税務署へ解散確定申告

↓

残った財産や債務を整理

（この間も税務申告が必要な場合あり）

↓

残余財産を確定

↓

税務署へ
清算確定申告

法務局へ
清算結了の登記

↓

大変な作業！

## ほかの会社はどのくらい「交際費」を使っているの？

個人事業主は全額が経費となり、会社は一定額を経費として認めてもらえる「交際費」。ここでは、「ほかの会社はどのくらい『交際費』を使っているの？」というお話です。

「交際費」に該当する支出はというと、おもに接待の飲食、ゴルフプレー代、冠婚葬祭の心付けに中元・歳暮や手土産品などが含まれてきます。

では、黒字会社の平均的な支出はどのくらいだと思いますか。以下から選んでください。

①年間 100 万円
②年間 200 万円
③年間 300 万円
④年間 400 万円

正解は、「① 100 万円」です。
思ったより、少なかったのではないでしょうか。
国税庁が発表している統計を見てみますと、

資本金 1,000 万円未満で、赤字の会社
→ 交際費　約 50 万円
資本金 1,000 万円未満で、黒字の会社
→ 交際費　約 100 万円

広告宣伝費と同じで、「交際費」は収益を獲得するための積極投資としての効果があるのならまだしも、もし、この効果がなく、単なるプライベートの支出になっているとしたら？？考えものですよ。

# 第4章

# 会社にしたときのメリット

## ～信用、資産保護、助成金など～

# 01 会社にしたときのその他のメリット

会社にするメリットは、税制上有利になるだけではありません。社会的な信用がアップするほか、さまざまなメリットが得られます。

## 信用が広く得られる

第1章と第2章では、会社を作った場合の税制上のメリットを説明しました。じつは、会社を作ることは単なる税制上の有利性があるだけではありません。法人成りすると、税制面以外にもさまざまなメリットが得られます。

まずは、「**信用**」です。一般的に個人事業主よりも会社のほうが信用を得られます。大手企業などは、どんなに実績があっても個人事業主へは仕事を発注しないところもあるくらいです。

会社という信用は、「**資金調達**」をするときにも役立ちます。銀行からの信用はもちろんのこと、返済する必要がない「**助成金**」の獲得などでも、有利に話を進められるようになります。

また、「**求人**」のときも信用は役立ちます。個人事業主の下で働くよりも、会社のほうが福利厚生の面で安心できるからです。

## 自分を守ることもできる

会社という別人格を用意することで、万が一会社が傾いたとき、「**個人資産を差し押さえられない**」ですむ場合があります。また「**跡継ぎに商売を譲る**」際にも、会社のほうが容易です。万が一、「**代表者が死亡したときも事業を守る**」ことができます。

さらに、「**事業を売却する**」のも会社ならやりやすくなります。

## ●その他のメリット

会社の定款に記載すれば、「**自由に決算日を設定**」できます。決算書作りなどの確定申告をするための準備を、仕事が忙しくない時期に割り当てることができます。

また、複数の人と共同して商売をしているなら、会社にしたほうがトラブルを回避できます。

大きく儲かっているなら、複数の会社を設立して、節税することも可能です。

### 法人成りしたときのさまざまなメリット

| | |
|---|---|
| 信用（→P.78） | お客さんを増やしやすくなる |
| 決算日を自由に設定（→P.80） | 忙しくない時期に決算手続きを行える |
| 個人資産の保護（→P.82） | 会社が傾いたときに個人資産を守れる |
| 資金調達がラクに（→P.86） | お金が借りやすくなる |
| 助成金の幅が広がる（→P.88） | 助成金を受けやすくなる |
| 人材の確保（→P.90） | 優秀な人材を確保しやすくなる |
| 事業承継しやすい（→P.92） | 事業承継のための相続税対策が打てる |
| 事業が売りやすい（→P.96） | 第三者に事業を売却しやすくなる |
| 共同経営しやすい（→P.98） | 共同経営したときのトラブルを回避しやすくなる |
| さらなる節税（→P.100） | 大きく儲かっている場合、複数の会社を持てば節税幅が広がる |

# 02 さまざまなところで信用を得られる

商売の基本は「信用」。会社にすれば、最低限の社会的な信用が得られます。その結果、ビジネスが広がりやすくなります。

## 商売は信用が第一

会社にすることで、一番大きい間接的なメリットは「**信用**」でしょう。商売は信用を得るところから始まります。

お客さんは相手を**信用することができなければ、大切なお金を払ってくれません**。それが少額であるなら、「失敗してもいいや」と思って購入してくれることもあるでしょう。でも、まったく信用できないと思われたら、少額でも支払ってくれません。もちろん、高額な商品やサービスは、信用を得られていなければ、購入時の候補にすら入れてもらうことはできません。

## 法人成りすると信用を得られる

長い付き合いがある相手なら、それまでに培ってきた実績があるので、信用を得られています。

でも、初めて仕事をする相手から信用を得ることは、そうカンタンではありませんよね。

相手は、こちらを「どのくらい信用できるか?」を見きわめてからでないと、商品やサービスを購入してくれません。

信用されるための手段の1つとして、「会社」という組織は役立ちます。一般的に、個人事業主よりも会社のほうが信用を得られます。

なぜ、会社は信用されるのでしょうか。ズバリ、その答えは、**「登記」されているから**です。登記されていれば、だれもが会社の重要事項を、いつでも閲覧できます。居場所がわからないこともありませんし、だれが責任者で、どういった商売をしているかは、登記事項を見れば一目瞭然だから信用が得られるのです。

近年では「国税庁法人番号公表サイト」や「登記情報提供サービス」といって、パソコンさえあればだれもが、会社の情報をいつでも容易に入手できるようになっています。

今は1円からでも会社を作れますが、それではあまりに自己資本が少なく、財務内容に不安がありす。しかし、「会社をつくるほどの意気込みで商売に真剣に取り組んでいる」ということが、昔も今も変わらず信頼される条件となっているのでしょう。

## 大手企業は会社としか仕事をしない

大手企業の中には、**個人事業主とは仕事をしないところもあります。**

たとえ、これまでにいい仕事をした実績があっても、「上司を説得できない」「今までに実例がない」といった理由で断られるケースはよく耳にします。あなたにも、そういった経験はないでしょうか。

大きな会社は保守的になりがちです。リスクをとることを嫌がる傾向があります。そのため、個人事業主とは一緒に仕事をしたがらないのです。

法人は信用されやすい

# 03 決算日を自由に設定できる

個人事業の決算日は12月31日です。会社を作ると、この決算日を自由に設定できます。決算手続きなど、自分の都合にあわせて決められます。

## 会社の決算日は3月末でなくてもいい

個人事業主の場合は、「暦年課税」といって、暦どおり、毎年1月1日から12月31日が会計期間として定められていましたね。これは、人によって、もしくは開業時期によってずらすことは不可能です。

一方、会社はこの会計期間を自由に設定することができます。よく、「会社って3月決算だよね」と聞かれますが、答えは「いつでもOK」です。便宜上の問題は残りますが、月末じゃなくたっていいのです。会社の憲法である「定款」に、決算日を任意に定めれば、その日が**決算日**になります。

## 決算手続きは忙しい時期を外す

飲食店では「にっぱち」といって、2月や8月に売上が落ち込みます。建設業では、官公庁の仕事など、とくに3月に完成工事がぐっと増えます。

どの商売でも、売上や利益の月々の「季節変動」は避けられません。忙しい時期があれば、暇な時期もあるでしょう。

法人成りすれば、これらを考慮して決算日を決められます。「**どの月だったら、決算の事務作業にゆとりが持てるか?**」、また「**どの月を過ぎれば、会社のだいたいの1年間の数字が見えてくるか?**」といったことを踏まえて決算日を設定できるのです。

このとき、納税のスケジュールも考慮することが必要です。決算日から2カ月後には納税しなければなりませんので。

## ●決算日を設定するときの注意点

決算日は自由に設定できますが、このときに注意することがあります。

たとえば、決算日を毎年3月31日と定款に設定しておいて、思いのほか設立準備が早く進んだため、法務局に3月中に登記申請したとしましょう。これって落とし穴です。なぜならば、定款には「当会社の最初の事業年度は、会社成立の日から令和○○年3月31日までとする」と記載しているからです。

この場合、設立第1期目は1カ月未満になってしまいます。決算日を迎えたら、たとえ1カ月未満であっても、法人税の申告をしなくてはなりません。

また、**設立後2年間の消費税の納税免除にも影響を及ぼす**可能性も出てきます（24ページ参照）。

### 法人成りした場合の会計期間と申告時期の例

| | | |
|---|---|---|
| 1月 | 1月1日 | 個人事業の期首 |
| 2月 | | |
| 3月 | | |
| 4月 | | |
| 5月 | | |
| 6月 | | |
| 7月 | 7月中 | 会社設立＝個人事業の廃業 |
| 8月 | | |
| 9月 | | |
| 10月 | | |
| 11月 | | |
| 12月 | 12月末 | 個人事業が廃業されているから、年末と決算日は無関係に |
| 1月 | | |
| 2月 | | |
| 3月 | 3月15日 | 昨年1月～7月途中までの個人事業時代の事業所得＋会社設立後の役員報酬を合算して確定申告 |
| 4月 | | |
| 5月 | | |
| 6月 | 6月末 | 会社の決算 |
| 7月 | | |
| 8月 | 8月末 | 決算後2カ月以内に会社の確定申告 |

# 04 個人資産が差し押さえられない

法人格と社長の人格は、法律上、別物です。そのため、個人資産を少しでも多く守られる可能性が高いのは、会社組織だといえるでしょう。

## 会社で支払いが滞った場合

日々の経営では、仕入費用や外注代、従業員への給料や借金の返済など、さまざまな支払いの義務が生まれてきます。商売の資金繰りが悪くなると、これらの一部が滞りはじめ、やがては自分自身の力ではどうにもならないほどの負債額になるケースがあります。

個人事業主の場合、商売もプライベートも一緒ですから、○○さんの負債も、○○商店の負債も法的には同じくくりです。

でも、法人成りして会社を作った場合、商品の仕入費用や借金などは、当然会社が支払うべきもの。そのため、万が一支払いが滞っても、それは会社の責任であり、役員個人にその責任は及びません。

株主も同じく、出資した範囲内での責任にとどまりますので、会社が破産などをした場合でも、**形式的には、個人に返済義務はありません**。つまり、会社を作ったほうが、責任は軽くなるのです。

## 連帯保証をしたものは逃れられない

ただし、金額の大きな仕入費用の決済や、金融機関への借金の返済などで、**「連帯保証」がついた場合は別**です。

仕入先は通常、多額でなければ、売掛金の決済に保証人をつけることまでは要求してきません。しかし、**不動産の賃貸借や、金融機関からの借入れ**では、近年減ってはきましたが、社長個人の連帯保証を条件に会社としての契約をさせられる場合もあります。そうした場合において、会社が支払いを怠った場合、残念ながら連帯保証として代わりの返済を社長に要求されます。

ですから、このようなケースでは、個人事業主のままでも、法人成りしたとしても、個人としての返済義務は同じと考えていいでしょう。

## ●法人成り直後も注意

法人成りすると、それまで商売の資金調達として個人名義で借りていた借金があれば、これを会社名義に変更するように、金融機関から促されます。

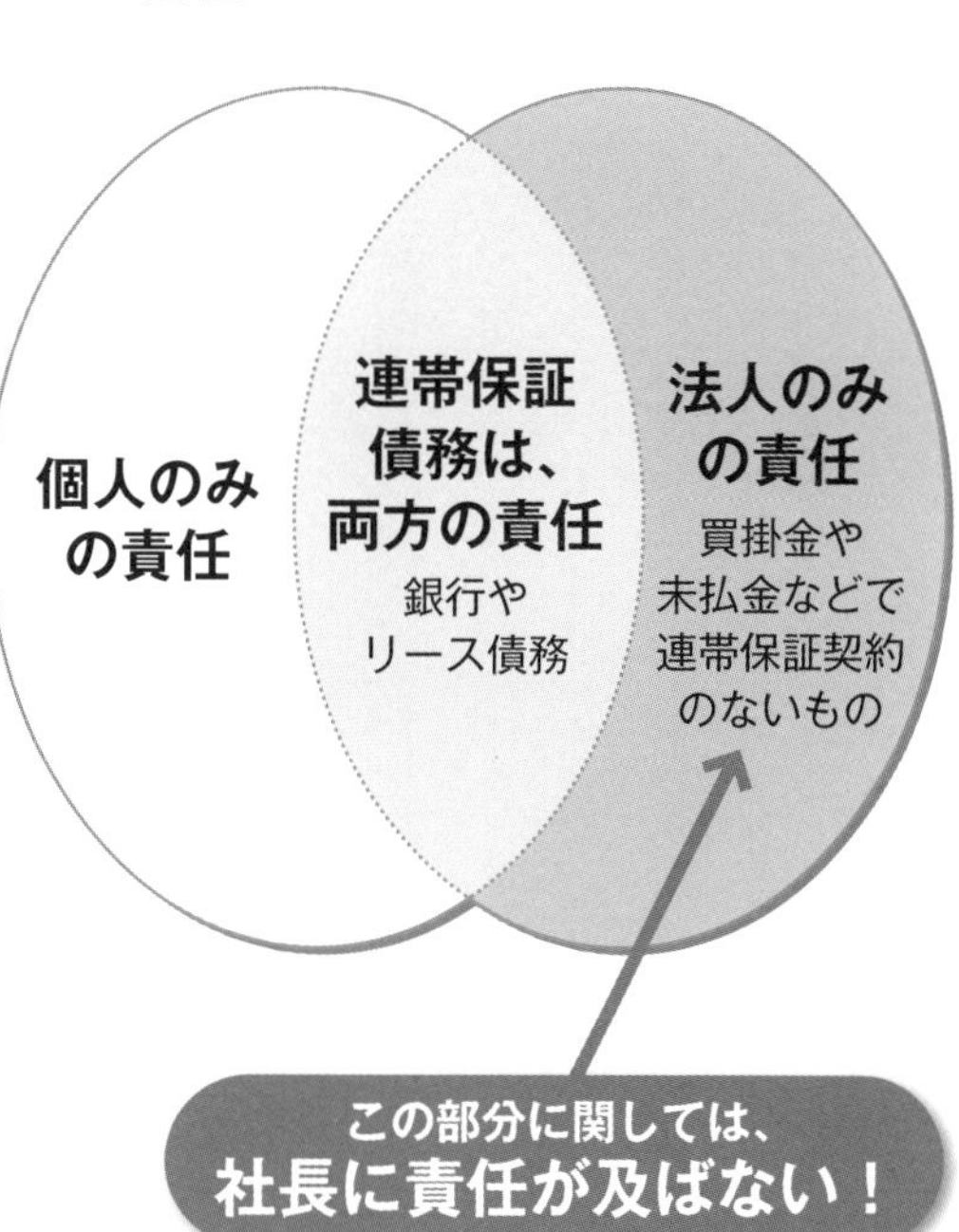

しかし、これは税務上大いに問題のある取引ですから注意が必要です。なぜなら、「個人で支払うべき借入金を会社が肩代わりして支払う」ことになり、税務調査では、この**借入れに対する返済そのものが、社長への賞与とみなされる**可能性があるからです。社長への賞与は、税務上、会社の経費としては、ほぼ認められません。借入額と同等の資産を会社へ同時に移転するなどして、なんとか賞与扱いにならないようにしなければなりません。

## 離婚した場合の財産分与

次の話は、前提条件がイマイチですが、事業主が離婚した場合です。この場合にも、個人事業と会社では違いが出てきます。

個人事業主が離婚した場合、商売用の資産だろうが、プライベート用の資産であろうが、「財産分与」の対象に入ってきます。

しかし、法人成りした場合は違います。商売用の資産は、会社に所有権があるので、直接は財産分与の対象になりません。ただし、法人成りしたときに社長は会社の株式を出資して保有していますから、この株式は財産分与の対象になります。

しかし、しかしですよ。別れた元配偶者の中小企業の株式を財産分与でもらっても、当事者はほぼなんの得もありません。市場での売却もカンタンではありません。つまり、このケースでは、**法人成りした場合のほうが個人の資産を守れる**というメリットがあるのです。

## 事業の代表者が死亡した場合

では、事業主が死亡した場合はどうでしょうか。

個人事業主が死亡した場合、本当に大変です。

まず、それまで使っていた**商売用の預金通帳が凍結**され、遺産分割が確定するまでお金を自由に引き出せなくなります。また、多くの商売上の契約条項を、引き継いだ跡取りの名前で再契約し直さなければなりません（92ページ参照）。

これに対して、会社は楽チンです。会社の代表者が死亡したら、すぐ株主総会を開いて、次の社長を決定し登記すればいいのです。**契約などは代表者の変更だけですみます**し、会社の口座が凍結されることもありません。

## 跡取りがいないと大変！

ただしこれは、事業主が死亡しても後継者がいる場合の話。もしも**跡取りがいないと、むしろ会社のほうが大変**なことになります。会社をたたむのは、とっても大変な作業だからです（72ページ参照）。

個人事業主の場合、廃業届を出せばおしまいです。しかし、会社という法人格をたたむときは、会社を「解散」させ、残った会社の財産を「清算」しなければなりません。これには専門的な知識が必要になり、専門家への報酬も高くつきます。

跡取りがいるかいないかで、代表者に万が一のことがあったときの対応は異なってくるのです。

●会社の場合

跡取りが「いる」ときは会社が有利

# 05 資金調達がラクになる

設備や人材に新たな投資を行うことが必要なときがあります。いざというときの資金調達には会社のほうが有利です。

## 借入れ審査で大事な貸借対照表

個人事業主の場合、青色申告で満額の控除を受けないかぎり、「**貸借対照表**」の添付は免除されています。そのため、貸借対照表という言葉に耳慣れない方もいらっしゃるでしょう。

貸借対照表とは、サイフの中身や保有している不動産の金額、また借金の状況や今までの利益のたまり具合など、その企業の決算日現在における財政状態が一堂に記載されている早見表です。「バランスシート」とも呼ばれています。

金融機関から借入れを行う場合、「この会社は今年いくら儲かっているか?」よりも、「**この会社はあとどれだけの余力が残っているか?**」を注意深く観察されます。そのための資料の1つが貸借対照表なのです。

個人事業主の場合、貸借対照表を作成しているところは多くありません。そのため、まったく同じ財政状態の会社と個人では差が出ます。貸借対照表を作成している会社のほうが信用をおけるため、融資を受けやすいのが現実です。

## 保証料率の基準も貸借対照表の内容

**信用保証協会**といって、借りた企業に万が一のことがあった場合、金融機関へ肩代わり(代位弁済)

してくれる公的な機関があり、都道府県ごとに設置されています。

中小企業への融資の多くは、この協会の保証を受けることで、金融機関が融資を実行してくれます。もちろん、「保証料」というコストが発生します。この**保証料率を決定するのは、「貸借対照表」や「損益計算書」が基準**になりますので、これらを完全に作成している会社ほど、一般的には利率が安くなります。会社の信用はこういったところにも影響するのですね。

## 融資には貸借対照表と損益計算書が大切

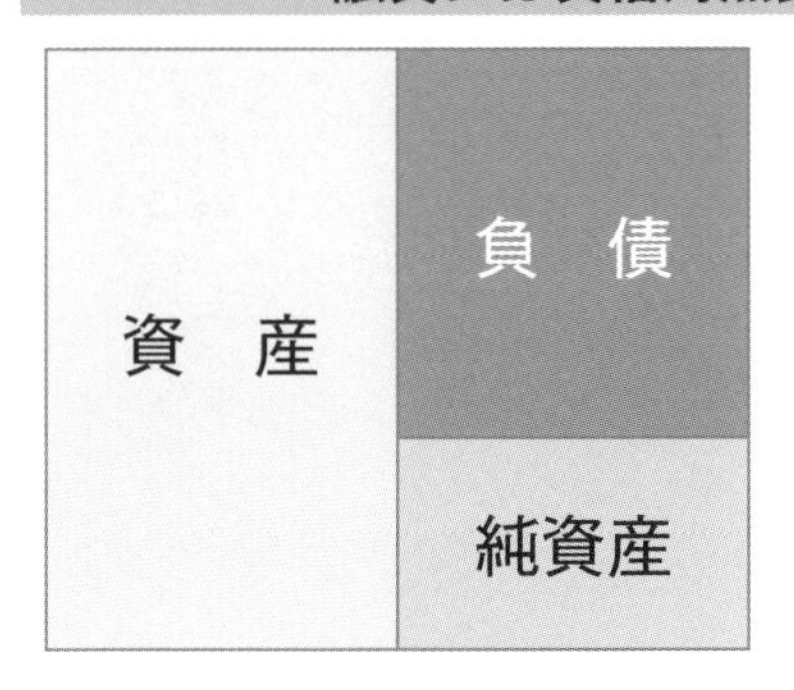

**貸借対照表**
（会社の一定時点の
**財政状態をあらわす**）

これだけだと……
会社の資産や負債が増減した理由を
把握できない

**損益計算書**
（会社の一定期間の
**収益と費用をあらわす**）

これだけだと……
今どれだけお金があって、
どれだけ未払いがあるのかを
把握できない

両方を用意することで、
適正に経営状態を把握できる
（**会社には作成義務がある**）

**安心してお金を貸せるか判断できる!**

06

# 助成金の幅が広がる

融資はお金を返さなくてはなりませんが「返さなくていいお金」もあります。それが助成金です。法人のほうが、助成金の幅が広がります。

## ●助成金とは

「**助成金**」とは、雇用の創出や研究開発などのために、国や地方自治体が「タダでくれる、返済不要なお金」です。

助成金は「**補助金**」とも呼ばれ、一般的に厚生労働省が中心となって雇用関係を、経済産業省が中心となって設備投資や研究開発関係のものを運営しています。

政府は失業者対策と経済対策のために、さまざまな助成金を用意しています。

## ●個人事業主でも使える助成金が多い

助成金は、基本的に**個人事業主も会社も利用できます**。とくに、雇用に関しては、個人、会社のどちらでも利用できるものがほとんどです。

しかし、ものによっては**社会保険に加入していないと利用できない助成金があります**。個人事業主の社会保険は、5名未満の従業員を雇っているところは任意加入であり、強制加入ではありません。社会保険料は安くないため、未加入であるところも少なくありません。社会保険に未加入の個人事業主の場合、利用できる助成金は制限があります。

しかし、法人成りすると、社会保険は強制加入になります（65ページ参照）。ですから、こうした助成金も使えることになります。

## ●「会社設立＝創業」とならないケースも

雇用対策の助成金は、そもそも「雇用の創出」による事業主側の人件費増加の負担を和らげて、これによって失業者の数を減らすことが目的です。

法人成りすると同時に、事業を大きくするために人を雇うこともあるでしょう。助成金はそういったときにも役立ちます。

ただし、雇用対策の助成金を利用する場合、注意が必要です。たとえば、法人成りした後も、引続き個人事業時代の従業員を雇うことになった場合です。これ自体が新たな「雇用の創出」と考えられるかはむずかしいところでしょう。

## ●面倒なら社労士に依頼する

じつは、助成金は種類が豊富で、申込みの手続きが複雑なので、活用できていない人が少なくありません。

このようなことを調べること自体、**面倒と感じている方に役に立つのが、社会保険労務士**という専門家です。彼らを雇うお金以上のものが、助成金として戻ってくる可能性は高いので、プロを活用する選択肢もあるでしょう。

### ■ 助成金、補助金を探すサイト ■

| |
|---|
| **○厚生労働省の助成金等に関するサイト** |
| 「事業主への支援、助成金等一覧」のページを参照 |
| **○東京都産業労働局の補助金等に関するサイト** |
| http://www.sangyo-rodo.metro.tokyo.jp/tourism/kakusyu/ |
| **○東京都中小企業振興公社の助成金等に関するサイト** |
| http://www.tokyo-kosha.or.jp/support/josei/ |
| **○J-Net21（運営：中小企業基盤整備機構）の助成金等に関するサイト** |
| http://j-net21.smrj.go.jp/snavi/index.html |

07

# 優秀な人材が集まりやすい

優秀な人材は正社員として雇われて、安心や安定を求めるものです。一般的に個人事業主より、会社のほうが安心を与えられます。

## 安心・安定を求める人が多い

今日では、安心や安定を求めて、個人事業主の下で働くより、低収入でも会社の**「正社員」として働きたいと思っている人が多くなっています。**

また、「社会保険」を条件に求職している人も少なくありません。

個人事業主の方は、健康保険を市区町村が管轄している「国民健康保険」でまかない、年金は「国民年金」のみに加入されているケースがほとんどでしょう。個人事業主の場合は、原則常時5名以上を雇い入れている一部の業種にかぎり、社会保険へ加入する義務があるにすぎないからです。また、個人事業の場合、従業員は社会保険へ加入させられるものの、当の事業主本人は「対象外」です。こうした理由から、人件費が増えてしまう社会保険への加入を足踏みしている事業主が多くいます。

一方、会社の場合は、たとえ社長1名の会社でも社会保険への加入が義務づけられています。

そのため、「会社組織でないところは、社会保険に入っていない」という固定観念を、求職者の多くが持っています。その結果、ハローワークなどでの求人募集では、会社のほうが有利に社員を集められる傾向があります。

## 大企業からの転職者はシビア

大きな企業で働いていた優秀な人々は、会社の福利厚生制度、有給休暇、残業手当など、中小企業では当たり前ではない権利が、当たり前に行使できる環境に慣れています。

このような環境で過ごしてきた人を含め、職を探している人のほとんどが**求めるものは、お金や休暇、地位、やりがい**です。

お金と休暇、地位は、個人事業主ではなかなかすべてを用意しきれるものではありません。残念ながら、そうした優秀な人材が、個人事業主のところへ応募してくる可能性は高くないでしょう。

しかし、会社の形をしていると、優秀な人が応募してくる可能性が少し高くなります。社会保険は原則完備されていますし、会社組織にしているため、労働基準法に準じていると考えられるからです。面接までこぎ着ければ、経営者の人柄や仕事内容にほれて、優秀な人材が入社してくることでしょう。

個人事業よりも会社に優秀な人が集まりやすいのは、残念ながら事実なのです。

大企業からの転職者は「お金、休暇、地位」などを求める。
個人事業よりも会社のほうが優秀な人が集まりやすい

08

# 事業承継のための相続対策ができる

もしも、自分に万が一のことがあった場合、個人事業主だったら、いろいろと大変です。会社にしておいたほうが有利です。

## ●死亡した個人の口座は凍結される

これは実際にあった話ですが、個人商店を営む先代が、突然死亡。これにより、故人名義の口座が凍結され、事業資金が引き出せずに四苦八苦するということが起きました。

個人の場合、プライベート用に使っていた預金口座も、事業用に分けておいた預金口座も、どちらも一個人の資産です。商売をしていてもいなくても、そんなことはお構いありません。相続として、だれがどの遺産を引き継ぐかという**「遺産分割」が決定されるまでは、通帳からお金を引き出すことが原則できない**のです。また、その口座を使って得意先から入金してもらったり、仕入先へ支払ったりすることもできません。

そして、多くの商売上の契約条項も、**すべて引き継いだ跡取りの名義で再度契約し直さなければならない**ため、大変な手間がかかります。

これに対し、会社を作っておけば安心です。会社が持っている財産は、会社に所有権があるからです。まず、**会社の口座は凍結されません**ので、お金を引き出すことができます。得意先からの入金や仕入先への支払いが滞ることもありません。また、株主総会を開いて、次の社長を決定して登記すれば、新しい社長に業務執行権が移るので、**契約なども社長を**

**変更するだけですみます。**

つまり、会社ならば、代表者が死亡しても影響は少なく、事業を滞りなく継続できるのです。

## 相続税計算時の個人と会社の違い

相続税を計算する過程で、どうしても避けて通れないのが「財産の評価」。原則的に、財産は死亡した日の「時価」を基準に課税されます。このとき、個人と会社だとまったく計算が変わってきます。

個人事業主の場合、事業に関係しているかどうかは関係ありません。事業用の財産であろうとプライベートな財産であろうと、**保有しているすべての財産が相続の対象**となります。一方、会社を保有している方が亡くなられた場合、プライベートな財産と会社の「株式」が相続の対象となります。

代表者が他界すると個人は口座が凍結されるが、
会社は凍結されないので事業に支障が出ない

## 会社はこう評価される

大株主が保有する株式の評価は、大きく2つに分かれます。1つは、会社の資産と負債を、亡くなられたときの時価によって計算した差引純資産額をもって評価する「**純資産価額方式**」。もう1つは、自分たちの業種と同じ商売をしている上場企業の株価を参考に評価する「**類似業種比準方式**」です。

平たくいうと、小さな会社は純資産価額方式、中くらいの会社は純資産価額方式と類似業種比準方式を併用、大きな会社は類似業種比準方式となります。

純資産価額方式の場合は、会社が儲かっていなければいないほど、株の評価は下がりますので、相続税の節税対策としては純資産を低くするような施策を行うことがあります。

ちなみに、類似業種比準方式を使ったほうが、評価が低くなりやすい傾向があります。そのため、中くらいな会社や大きな会社のほうが、相続税の負担が軽くなる可能性があります。

## ●生命保険の課税の差は？

生命保険を賢く利用できるのも、法人成りした場合の強みです。

個人事業主の場合、毎年支払う生命保険料は、経費として認められません。一方、法人成りすると、貯蓄性が低いものは、**保険料を会社の経費にすることができます**（40ページ参照）。

また、亡くなられたときに保険金を受け取る場合にも違いが生じてきます。

個人契約の保険金には非課税枠があり、相続する一人当たり５００万円までは相続税の対象となりません。非課税限度額を超えた部分の死亡保険金が相続税の対象となります。

会社で契約し、会社が受取人になっている保険金は、そもそも相続税の対象にはなりません。つまり、保険金が支払われるとき、もし、それまでの業績で赤字を繰り越していたら、その分だけ保険金の利益と相殺することができますので、税金がほとんどかからないケースだってあるのです。

また、40ページでも説明しましたが、会社が契約した生命保険の死亡保険金を、会社が受け取った場合、**死亡退職金を支給することで遺族にお金を残すことができます**。この死亡退職金は、生命保険の保険金と同様に、相続する同居人一人当たり５００万円までが非課税となります。

さらに、弔慰金規定を作成しておけば、業務上の死亡でない場合には、給料の半年分を相続税がかからずに、弔慰金として遺族に残せます。つまり、弔慰金を活用すれば、事業承継したい親族に非課税でお金を残せるのです。

ちなみに、相続税は非課税部分があり、相続税の基礎控除額の計算式としては、「3000万円＋600万円×法定相続人の人数」です。たとえば、遺族が妻と子供二人だった場合は、法定相続人が三人なので4800万円までは相続税はかかりません。

## 死亡した場合の相続の対象

●**個人事業主**が死亡した場合

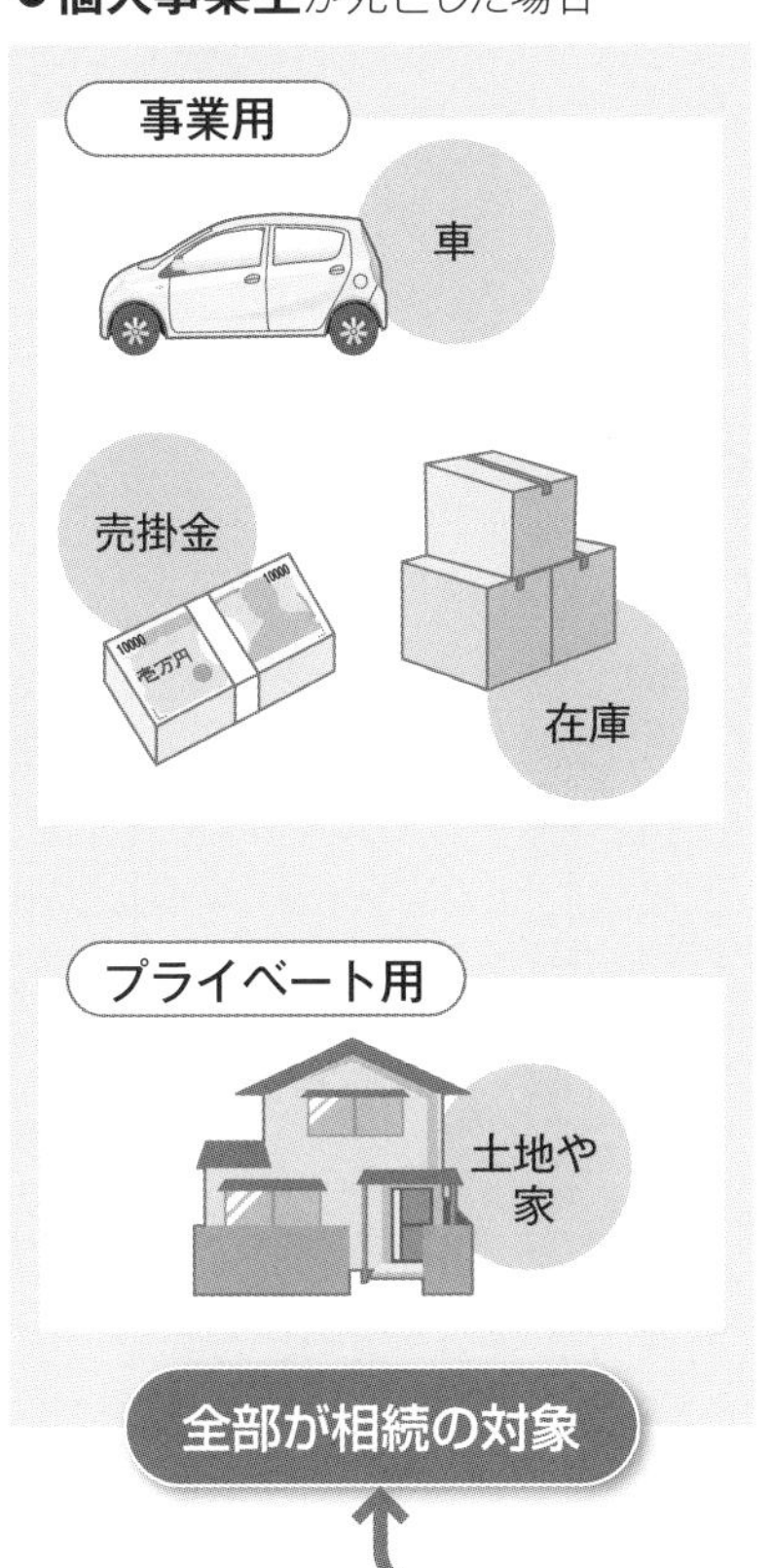


●**会社の社長（株主）**が死亡した場合

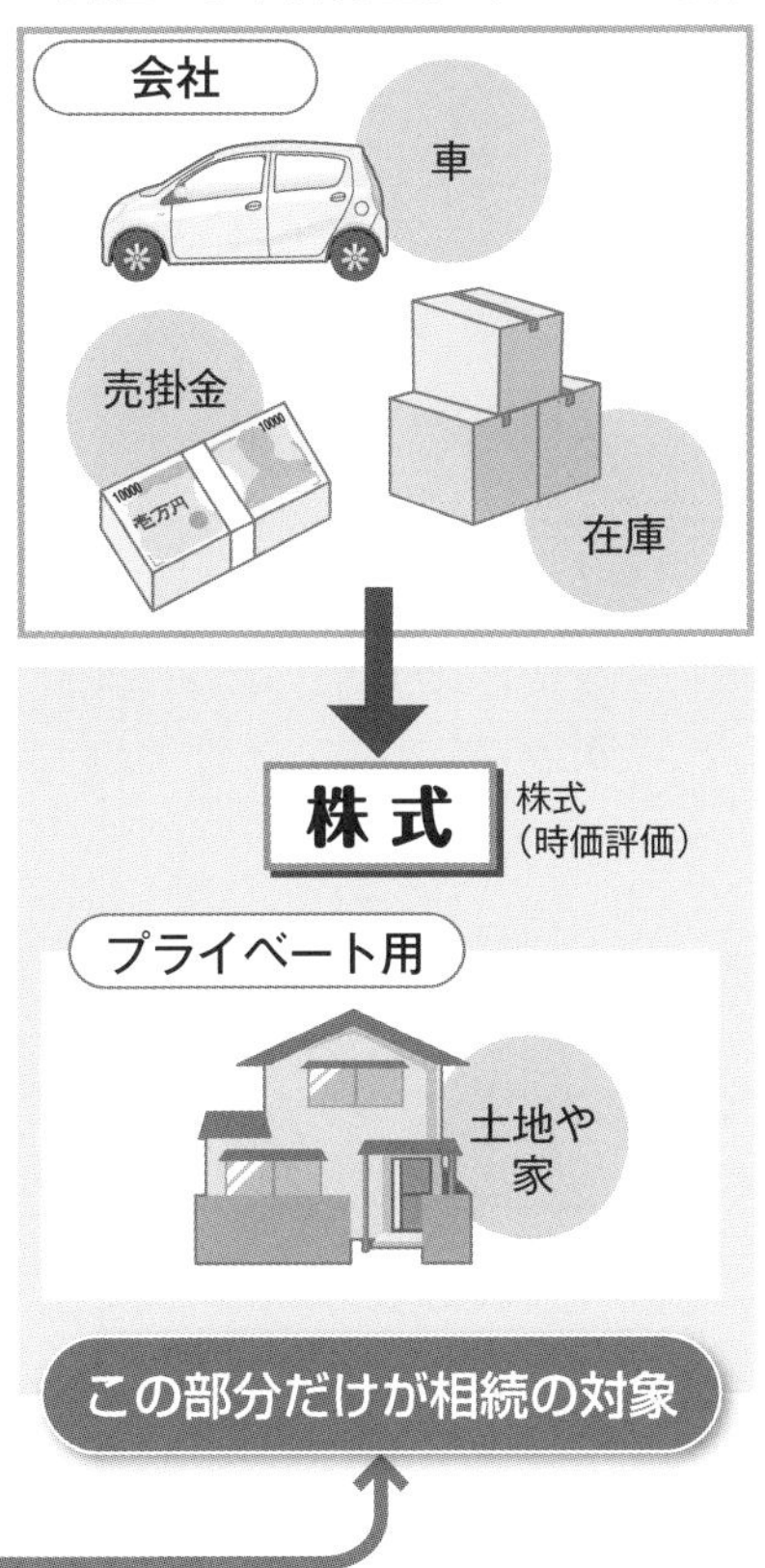

# 09 事業自体の売買がしやすくなる

会社を作ると、事業自体の売買がしやすくなります。会社は株式を発行しているため、事業の価値を時価で捉えやすい分、売買も容易です。

## 事業を売買するさまざまな場面

商売をしていると、「一体、自分たちの事業には、今どれくらいの価値があるのだろうか?」という疑問がわいてくることもあるかと思います。

たとえば、あなたがインターネットでの販売店を経営していて、そのお店が繁盛しているとします。そのときに資本の大きなところから、「事業を売却しないか?」というオファーがあるかもしれません。

また、ある程度年をとったときに後継者がいないケースや、自分が違う事業に興味を持ち、そちらを始めたいケースなどもあるでしょう。このようなときは、事業を売却する選択肢が考えられます。

## 会社なら事業の売買がしやすい

**事業を売却するには、その事業の価値を客観的に判断することが必要となります。**

企業価値は、単なる会計上の資産・負債の金額、それに単年度の収支のみを定規とするのではありません。売上高や将来性、創立からの年数、地域でのシェア、また、企業名や商品のブランド価値などを総合的に見て判断します。これらを「営業権」とか「のれん」などと表現します。

個人事業主の場合、自分自身が商売そのものでしょう。ですから大抵、事業主がいなくなってしまうと、商売そのものに影響が出ます。

しかし、法人成りした場合、たとえ社長の卓越した技術や個性が評価されていたとしても、対外的には、会社という法人格を前面にアピールしつつ運営していきます。そのため、会社組織が社長の個人的な立場を包括したところに、集団としての価値があらわれてきます。この**集団としての価値を売買できるのが、法人成りした場合の強み**です。

厳密にいえば、個人事業の場合でも、事業自体の売買は成立します。でも、個人事業の場合、不動産は個人名義であったり、個々の外部との契約も個人名で取り交わされていたりします。そのため、これらを買い取るといっても、実質的に買い取った側は、新規に商売を起こすこととほぼ同じ労力を要してしまいます。

また、個人事業主の商売には、プライベートと事業が複雑に絡みあっていますから、さまざまな権利関係（売買時点の売掛金や借入れ、屋号や許可関係）の整理を行うときに、綿密さと煩わしさがかならずともなってきてしまいます。

会社の場合、これらのことがじつにカンタンです。個人事業主と同様、細かい点で権利関係の洗い直しは必要です。でも、会社名でさまざまな取引を契約していますから、会社自体の売却、つまり**発行している株式の譲渡により、容易に事業自体を売買しやすい**のです。

株価の算定も容易です。会社が公表している「貸借対照表」や「損益計算書」などの書類を元に計算すれば、売買時点での株価に関して的外れな結論には達しません。

10

# 共同経営の法人成りはトラブル回避になる

自分だけでなく、パートナーと一緒に経営している場合、権利をハッキリとさせるため、会社を作って運営するのがオススメです。

## 共同経営にはデメリットも多い

複数の優秀なパートナーと共同で商売を行うことは、自分の苦手とする分野のフォローや新しい人脈の拡大など、たくさんのメリットがあります。

しかし、現実的に、**共同経営**にはなにかと**デメリットも多く存在**します。

まず、事業がうまくいかなくなったときに、相手のせいにしてしまいがちです。また、うまくいきすぎた場合も双方の主張の調整が難航します。

共同経営をする前は、パートナーを人間的にも尊敬できたり、好感を持っていても、いざ同じサイフの下で暮らすとなると、欠点や嫌なところばかりが目立つようになるから不思議です。

## 当初の出資が明確になる

共同経営で注意したいのは、お金の透明さ。お互いに隠し事をせず、うまくいっているときもそうでないときも、ガラス張りのオープンな関係を保つことが大切です。

法人成りして共同経営することのメリットは、なんといっても、最初のお金の**出資が明確になる**ことです。

個人事業を共同で行う場合、**どちらか一方の開業とみなされます**から、最初にお金を出しあっても、片方は、相方の個人事業にお金を貸してあげたという、貸し借りの世界になります。

会社を起こすと、株式などでの「出資」となりますから、最初の定款にだれが、いくら、何株分を出資したかの記録を残すことも可能です。後日お金を追加する場合にも、「増資」という方法で、共同経営している商売の持分の比率や、それまでの**出資合計金額を、つねに明確にすることができます**。

## 共同経営するなら法人成りしよう

お金の面だけでなく、共同経営者との具体的な商売の運営においても、法人成りはとても効率的な運営を行うことができます。

たとえば、店舗などを借りる場合、会社を起こせば当然、**会社名義の賃貸借契約を結びます**。会社として契約した事実は、これらの契約を解除しないかぎり続きます。共同経営している最中に、万が一片方が抜けても、会社として結んでいる契約を引続き維持できるのです。

また、個人事業主の場合、収入から経費を差し引いて、余った利益全部が所得になります。ですから、共同経営していてもその主体となるほうにだけうまみがあり、片方が利益を分けろと裁判を起こしてもなかなか取り戻すことはできません。

会社を起こせば、共同経営者ごとに給料を払う形になります。給料を差し引いてもなお、**会社に余った利益があれば、それは会社のお金**です。将来の安定的な成長や資金のストックを望むのなら、絶対に会社組織のほうがうまくいきます。

さらに、会社の場合、重要な意思決定ほど、株主総会や取締役会など、会社のさまざまな機関の同意が必要になります。そして、会社名や役員の変更、本店住所、株式の売買等の制限など重要な事項の変更は、この機関の決定を踏まえた登記が必要となることから、共同経営者の片方の**一方的な暴走を防ぐこともできます**。

# 11 儲かっているなら会社を複数持つとトク

会社が儲かっているときは、法人成りのメリットはたくさんあります。大きく儲かっているなら、複数の会社を起こすと、もっとトクします。

## ●複数の会社の役員になることは可能

一般的に会社を作ると、「役員」と呼ばれる、取締役や監査役などを決定し登記します。そして、取締役の中から代表取締役を選定します。

この**取締役は、何社か兼務してもかまいません**。たとえば、A社で取締役になっている人が、B社で取締役になっても問題ないのです。もちろん、代表取締役だって兼務できます。

上場会社の株を複数取得できるように、中小企業への出資、つまり自分の会社を何社も作ることは可能です。本業のほかに、温めておいた事業が成長した場合、事業を切り離して単独で新会社を設立することもできます。実際、中小企業でも複数の会社を所有している社長は結構いらっしゃいます。

## ●複数の会社を作った場合のメリット

会社を複数所有した場合、次のようなメリットと注意事項があります。

**【メリット1】交際費の枠が増える**

法人税は、1つの会社に対して、1つの税務申告を義務づけています。つまり、基本的に申告がそれぞれの会社ごとに分かれているのです。税制上の規制もまた、別個に分かれています。

法人税でよく問題になるのは「**交際費**」です。個人事業主の場合、業務上使った分だけすべて経費になります。しかし、会社の場合はそうはいきません。中小企業は原則800万円までと決まっています。

こんなケースで、会社を2つ作るとどうなるでしょうか。交際費枠はそれぞれの会社にありますから、支出の根拠がきちんとしていれば、交際費の枠を使い切る経営者はそれほど見当たりませんが、理論的には800万円の**2倍の1600万円までが損金**として認められます。

**【メリット2】法人税の軽減税率が拡大される**

現状、中小企業の法人税の最低税率は、軽減税率が適用されるので15%です。しかし、この税率は、年間の会社の所得で800万円以下の部分の課税ですから、これを超えると、段階的に23・2%に跳ね上がってしまいます。

ところが、たとえば会社を2つ持つと、交際費と同じ原理で、枠が2倍になります。グループ会社の事業目的の棲み分けさえすれば、**全体で1600万円まで軽減税率が適用できる**ことになります。

**【メリット3】転籍による退職金が経費扱いに**

会社を複数所有すると、それまで在籍していた従業員を別の会社へ転籍させる必要が出てきます。このとき、転籍先の会社から「**退職金**」を支給すると、これを転籍元の会社の経費にすることができ、法人税の節税に役立ちます。

ただし、退職金には注意が必要です。そもそも退職金は、それまでの会社への貢献などを考慮して支給するものです。そのため、転籍時に、転籍元の会社で未精算の退職金を残し、それを転籍先の会社に引き継がせることはできません。ですから、退職金は転籍時に精算することが必要となります。

法人成りした場合の考え方も一緒です。

個人事業でも、会社組織でも、オーナーが一緒で、従事している仕事がたとえ同一だとしても、個人事業時代の貢献に対する従業員への退職金を、法人成り後の会社で支給することはできません。個人事業と会社は別人格です。つまり、会社で個人事業主が支払うべき退職金を肩代わりしてしまうことはできないのです。税務調査でしっかりと問題にされてしまいますので注意が必要です。

【メリット4】資産を別会社に売却して経費を増やせる

法人成りした後、会社で土地や建物などの固定資産を購入するケースも出てくるでしょう。年月を経ると、こうした固定資産は原則、時価が目減りしていきます。帳簿上、資産を購入したときの価格よりも、実際の時価のほうが本当は金額が低い、という「含み損」を持つ資産は少なくありません。

こうした土地などの含み損をはらんだ**資産を、グループ会社の別法人へ売却して、節税が可能になる**場合もあります。

ただし、売却後も元の会社で資産を使いたい場合は、注意が必要です。売却によって別会社のものとなっているわけですから、適正な使用料を支払わなければなりません。

【注意事項1】会社には相当の維持費がかかる

複数の会社を作った場合、節税する方法が増えることを紹介しましたが、注意も必要です。会社を複数持つということは、それ相応の維持費がかかるからです。

会社は、赤字でも納めなければならない「**均等割**」という地方税（東京都の場合7万円）が毎期かならず発生します。また、登記費用も増えてしまいます。顧問税理士がいるなら、その報酬だって増加します。事務負担も増えますから、事務員への給料だって増えるでしょう。営業の電話も増えますし、電話番号を2回線持ちたくもなります。**維持費はばかになりません。**

**【注意事項2】グループ会社間の取引は要注意**

複数の会社を保有すると、よく問題になるのが、「お金の不自然な流れ」です。会社が2つ以上あれば、資金繰りも別ですから、一方が赤字で、一方が黒字になったりもします。こんなときに、赤字の会社に黒字の会社からお金を融通し、それを黒字の会社の経費にしちゃおうなんて考えが頭をよぎるものです。でも、これ要注意です。

グループ会社で同じ経営者なのは、税務署から見れば一目瞭然です。そうした会社同士の取引は、本来は適正なのに、不当な「租税回避行為」が行われるかもしれないという疑いの目を向けられる可能性があります。税務調査のときもこうした目で見られるケースがありますから、調査が来る来ないにかかわらず、つねに襟を正す必要があるのです。

では、「適正」や「襟を正す」取引とはどういうことでしょうか。それは、世間での相場、つまり**「第三者価格」できちんと取引すること**です。

### 複数の会社を作った場合のメリットと注意点

**メリット**

①交際費の枠が増える
②法人税の軽減税率が拡大される
③転籍による退職金が経費扱いできる
④資産を別会社に売却して経費を増やせる

**注意事項**

①会社には相当の維持費がかかる
②グループ会社間の取引は要注意

## 税金を払って、お金を借りる世の中

事業をしていると、決算の時期に「今年の数字はどのくらいかな？」と、つねに気になりますよね。

会社の場合、決算を終えると法人税の負担額が決まり、来期の役員報酬額を決定します。

節税だけを考えれば、会社の数字を赤字にして法人税は負担しないほどよく、役員報酬だって低いほど、所得税や住民税などが安くなります。

ところがそれでは、いざ金融機関からお金を借りようとしたときに、相手が受ける印象はどうでしょうか。もしも、あなたが友人からお金を借りるとき、「返すあてはないけど、貸してくれないかなぁ？」といっても、友情という絆だけで貸してくれるでしょうか。

答えは、きっとNOです。少なくとも私は、こういわれたらお金は貸しません。

つまり、会社の決算を赤字で締めるということは「貸したお金を返してくれない会社」と、みずから認めているようなものなんです。

会社を赤字にしてお金を借りる人がいるのは、ある勘違いによります。それは「借りたお金を返す行為自体が経費となる」という勘違いです。お金を借りたときには、会社の売上や利益とはなりませんよね。となると、お金を返すという行為をしても経費にはならないのです。借りたお金は、会社で生み出された利益から返す以外に方法がないんです。

ということは、資金を外部調達するときのために、会社はなるべく黒字にしておくべきなんです。「1円でもいいから、黒字の決算を目指してください」なんて、銀行マンは、みな口を揃えていいます。

しかし、黒字にすると、同時に法人税などがかかります。つまり、借金を返済し、完済するには融資からではなく、「税金を支払った後に残ったお金」から返済していかなければならないのです。

# 第5章

# 会社にしたときのデメリット
## ～税金、経費～

01

# 会社にしたときのお金に関するデメリット

会社を作るデメリットは、手間が増えることだけではありません。設立時の支出や法人住民税の支出など、お金もかかります。

## 会社にすると、かならずかかるお金

会社を設立するときには、お金がかかります。資本金の額は1円からでよいのですが、会社を作るには1円ではすみません。

会社の憲法である「定款」を作成し、これを「公証役場」というところでお墨付きをもらって、登記することが必要になります。これには、少なくとも株式会社では**20万円程度かかります**。

また、会社が存在するだけで、「法人都道府県民税」や「法人市区町村民税」といわれる住民税も課税されます。この住民税は、赤字であれば払わなくていい部分と、赤字でも会社の資本金の額や従業員数などに応じて決定される「均等割」という、かならず支払わなければならない部分とがあります。残念ながら、**均等割で最低7万円**以上（東京都の場合）かかります。これも個人事業主時代にはない支出です。

また、法人成りすると、**社会保険は強制加入**になります。現行の社会保険制度は、会社と個人が折半しますので、その分、負担が大きくなります。

## 法人成りすると税金が厳しくなる

事業にかかる税金も厳しくなります。「株主＝社長」という中小企業の多い日本では、会社の利益を恣意的に個人に移転しやすくなっています。そのため、これまで経費として見ていた**交際費などの一部が否認される**ケースも出ています。

さらに、個人事業主から会社へ資産を移すときに**予期せぬ「消費税」や「所得税」が発生する**場合もありますから、資産の移動は慎重に判断しなければなりません。

また、法人成りした場合、「会社のお金＝社長のお金」ではありませんから、**カンタンに資金を融通することもできなくなります**。

加えて、会社名義で新規に保険やリースなどの契約を結べば、これまでの個人事業主としての「実績」を認めてくれない場合があります。そのため、もろもろの**基本料金や金利だって増えかねません**。

法人成りとは、「会社を作る」だけではなく、「会社を作ったら、どのように運営するか？」を念頭において計画することが大切なのですね。

## 法人成りしたときの税金や経費のデメリット

**設立費用がかかる**
（→P.108）
定款の認証や登記のために
最低 20 万円程度の費用がかかる

**住民税が増える**
（→P.110）
赤字でも支払わなければいけない
法人住民税の納税義務ができる

**社会保険料が増える**
（→P.112）
社会保険に加入するため、
保険料の負担が増える

**経費が増える**
（→P.116）
電話料金など
もろもろの料金が高くなる

**事業の資金が使えない**
（→P.118）
事業用のお金を
個人用として使いにくくなる

**税金が上がることも**
（→P.120）
会社へ資産を引き継ぐとき、
消費税や所得税が高くなることも

# 02 会社設立には数十万円の費用がかかる

資本金1円でも会社は作れます。しかし、会社という法人格を生み出すには、「登記」しなければならず、相応の経費がかさみます。

## ●会社を設立するのにかかる費用

会社の資本金の額は1円からでOKですが、会社を設立するには費用がかかります。

費用は、おおまかにこうです。まず、**会社のハンコ**（**代表印、代表者印**）を用意します。最近では、インターネットでハンコを安く作ってくれる業者さんも多いですが、町のハンコ屋さんだと、だいたい8000円からが相場です。

そして、会社の「**定款**」と呼ばれる、会社名や住所、事業目的、役員の数などを規定した約款を作成して、「公証役場」というところで「**認証**」**を受けなければなりません**。ここで約3万～9万円を出費します。

次に、「法務局（登記所）」へ登記するわけですが、この申請書には「**登録免許税**」**と呼ばれる印紙を貼らなければなりません**。株式会社の設立を登記するには、最低でも15万円の印紙が必要です。

以上を合計すると、株式会社を設立するには、最低でも20万～25万円程度かかることになります。

なお、法律にあわせて定款を作ったり、申請したりするのは、なかなか大変な作業です。そのときに心強い専門家といえば、司法書士や行政書士です。一般的な相場で、5万円以上の報酬が必要です。これもあわせると30万円前後はかかる計算になります。

## ●資本金はいくらくらい？

会社の資本金は、確かに1円でも成立しますが、世の中は「資本金＝会社の信用」ととらえる考え方がまだまだ根強いので、**資本金が低すぎるのも注意が必要**です。

ところで、頑張って用意した資本金ですが、これは個人から出資した時点で、会社の財産になります。お金は、直接会社から返してもらうことはできません。資本金は今後の商売の糧となり、礎になって利益を生み出す出発点ですから、その使用は会社のみが許される行為なのです。

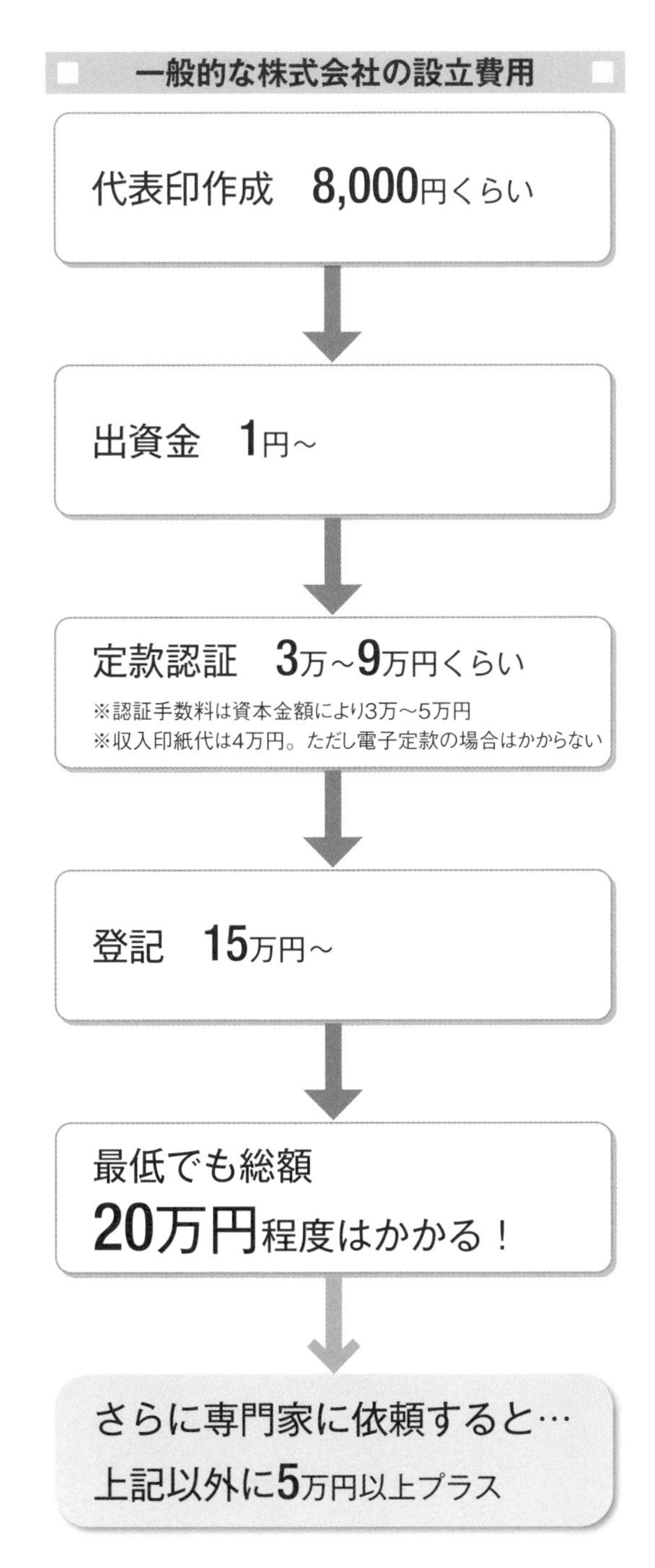

**一般的な株式会社の設立費用**

代表印作成　8,000円くらい
↓
出資金　1円～
↓
定款認証　3万～9万円くらい
※認証手数料は資本金額により3万～5万円
※収入印紙代は4万円。ただし電子定款の場合はかからない
↓
登記　15万円～
↓
最低でも総額
20万円程度はかかる！
↓
さらに専門家に依頼すると…
上記以外に5万円以上プラス

# 03 赤字でも法人住民税を払わなければならない

会社を作ると、毎年、法人住民税の「均等割」が新たに発生します。これは、赤字や黒字に関係なく納税義務があります。

## 個人と会社の税目

個人と会社の決定的な違い。それは、課税される「税目（ぜいもく）（税金の種類）」が違うということです。

個人事業主の場合は「**所得税**」と「**住民税**」、そして一定の**所得**に「**個人事業税**」がかかります。

法人成りすると、社長個人として「所得税」と「住民税」が課税され、またこれとは別に会社に「法人税」「法人都道府県民税」「法人市区町村民税」「法人事業税」「地方法人特別税」がかかってきます。

## 赤字でも支払う均等割

法人成りした場合の税金計算について説明します。

個人事業主の場合、売上と経費の差額が「所得（事業所得）」となり、ここから扶養控除などの各種控除を差し引いた残りが「課税される所得金額」となり、所得税が課税されます。

法人成りした場合も、売上から経費を差し引いた金額に対して課税されるのですが、まず会社の場合、経費の中で社長に対して「役員報酬」を支払っていますから、これに「個人の所得税」や「個人の住民税」が課税されます。

そして役員報酬をとってもなお残る利益としてストックされた所得に対しては、法人税が計算され、これとは別に「**法人住民税（法人都道府県民税と法**

人市区町村民税）」も課税され、さらに、法人事業税と地方法人特別税が課税されます。

この中で、法人成りした場合に厄介なのは、赤字でも課税される「**均等割**」という法人住民税です。

カンタンにいえば、「会社がこの場所にあるのだから、うち（地方公共団体）に家賃的なものを払ってよ」という、個人の住民税とはまったく無関係に、会社が存在するだけで固定的にかかってくる税金です。

税額は資本金の額や従業員数などによって変わりますが、**最低でも7万円（東京都の場合）は毎年課税**されます。均等割は個人事業主と比べるときに、いつもデメリットの代表格にあげられます。

## 個人事業主と法人成りした場合の課税される「所得」の違い

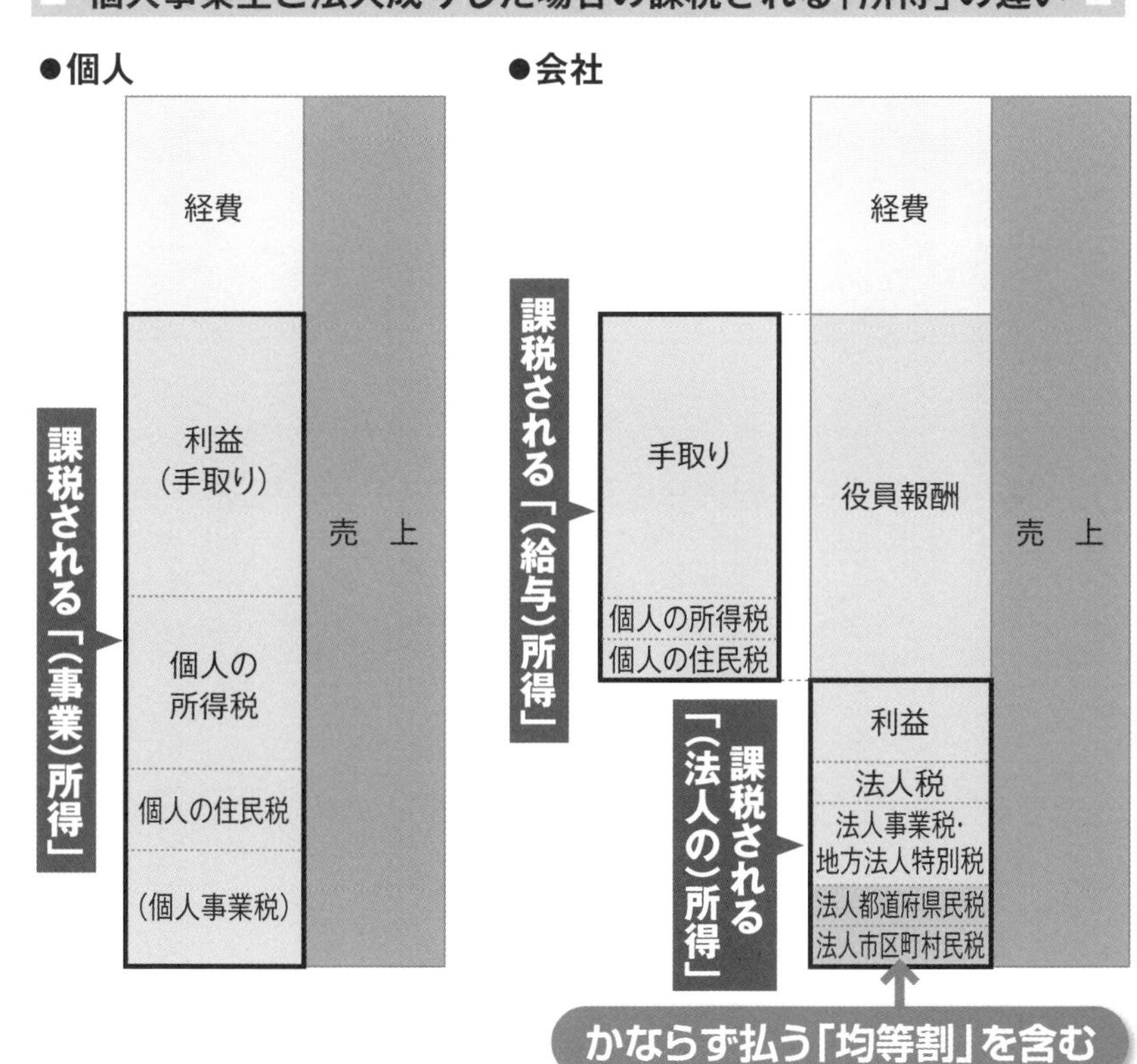

# 04 社会保険に加入しなければならない

法人成りすると、たとえ社長一人の会社でも社会保険への加入義務が発生します。個人負担と会社負担の保険料が毎月かかります。

## 社長一人の会社でも社会保険は強制加入

中小企業や個人事業主に関係の深い健康保険や年金は、大きく分けて2つの制度があります。健康保険を国民健康保険、年金を国民年金で加入する個人事業主タイプと、健康保険・厚生年金ともに「社会保険」に加入する会社タイプです。社会保険は原則、個人事業の場合は任意加入（常時5名以上を雇う一部の業種は強制）ですが、**会社は社長一人でも加入しなければなりません。**

## 一人社長の場合のメリット・デメリット

強制加入が義務づけられている社会保険ですが、じつは、**会社がその保険料の半分を負担しなければなりません。**従業員と折半することが決められているのです。

従業員を雇っていない場合は、まだいいでしょう。負担する社会保険料は、自分の分だけだからです。保険料の半分を、個人に支払う給料から支払い、残りの半分を会社が支払うことになります。

保険にかかるお金は個人事業主時代より増えます。たとえば、月給40万円（年収480万円）もらっているとしましょう。個人事業主の場合は、国民健康保険料は毎月約5万円で、国民年金保険料は毎月約1万6000円で、合計約6万6000円。一方、法人成りした場合は、健康保険料は約4万円で、厚生年金保険料は毎月約7万5000円で、合計約11万5000円となります。

両者の差額は、約4万9000円。**年換算だと、58万円以上増える**ことになります。

## 老後は厚生年金のほうが有利

しかし、厚生年金のほうが有利なことがあります。厚生年金は、国民年金よりも高い金額を納めているので、当然、**将来の年金額は多くもらえます**。これは、大きなメリットといえるでしょう。

年金行政に対する不安や不満はいろいろとあるでしょう。でも、国民年金のみを満額支払っても、老後の年金は一人当たり年間で約80万円しか受給できません。

厚生年金に加入することによって、より豊かで安定した老後が迎えられることも、これまた事実なのです。

## 従業員がいる場合は、より慎重に

従業員がいる場合は、さらに慎重になることが必要です。個人事業主時代は、従業員自身がみずから国民年金と国民健康保険を払っていたので、雇い主側の負担はゼロでした。しかし、先ほども紹介したとおり、社会保険料は会社と従業員とで半分ずつ負担しなければなりません。

たとえば、月給20万円の従業員がいるとして、この人の社会保険料がいくらになるか見てみましょう。

健康保険料は毎月約2万円で、会社が負担する金額は約1万円。厚生年金保険料は毎月約3万7000円で、そのうち半分の約1万8500円が会社負担となります。合計で2万8500円。**年換算すると34万円以上**です。これを会社が負担しなければなりません。

## 社会保険の加入義務がない人もいる

社会保険には、従業員全員を加入させなければな

## 個人事業主と社長一人の会社の場合での社会保険料の差

### ●健康保険

| 健康保険（会社） | | 国民健康保険（個人） | 増えた保険料 |
|---|---|---|---|
| 月給（月額標準報酬） | 全額（会社負担額＋個人負担額） | 保険料 | |
| 30 万円 | 約 3 万円 | 約 4.1 万円 | **約－ 1.1 万円** |
| 40 万円 | 約 4 万円 | 約 5 万円 | **約－ 1 万円** |
| 50 万円 | 約 5 万円 | 約 5 万円 | **0 円** |
| 60 万円 | 約 6 万円 | 約 5 万円 | **約 1 万円** |

※介護保険料は無視
※健康保険料率：10％の場合
※国民健康保険料：地域によって異なるため平均的な金額を例示

### ●年金

| 厚生年金保険（会社） | | 国民年金（個人） | 増えた保険料 |
|---|---|---|---|
| 月給（月額標準報酬） | 全額（会社負担額＋個人負担額） | 保険料 | |
| 30 万円 | 約 5.5 万円 | 約 1.6 万円 | **約 3.9 万円** |
| 40 万円 | 約 7.5 万円 | | **約 5.9 万円** |
| 50 万円 | 約 9.2 万円 | | **約 7.6 万円** |
| 60 万円 | 約 10.8 万円 | | **約 9.2 万円** |

※厚生年金を支払った場合、将来「老齢厚生年金」をプラスして受けとれる
※厚生年金保険料率：18.3％の場合

### ●増加した社會保険料

| 月給（年収） | 健康保険料 | 年金保険料 | 月の増加分 | 年間の増加分 |
|---|---|---|---|---|
| 30万円（360万円） | 約－ 1.1 万円 | 約 3.9 万円 | 約 2.8 万円 | **約 33.6 万円** |
| 40万円（480万円） | 約－ 1 万円 | 約 5.9 万円 | 約 4.9 万円 | **約 58.8 万円** |
| 50万円（600万円） | 0 円 | 約 7.6 万円 | 約 7.6 万円 | **約 91.2 万円** |
| 60万円（720万円） | 約 1 万円 | 約 9.2 万円 | 約 10.2 万円 | **約 122.4 万円** |

※ただし、厚生年金を支払った場合、将来「老齢厚生年金」をプラスして受けとれる

## 社会保険の会社側の負担額（従業員一人当たり）

| 月給<br>（月額標準月額） | 健康保険の<br>会社負担額 | 厚生年金の<br>会社負担額 | 会社負担額の<br>合計（月間） | 会社負担額の<br>合計（年間） |
|---|---|---|---|---|
| 15万円 | 約0.8万円 | 約1.3万円 | 約2.1万円 | 約**25.2**万円 |
| 20万円 | 約1万円 | 約1.8万円 | 約2.8万円 | 約**33.6**万円 |
| 25万円 | 約1.3万円 | 約2.3万円 | 約3.6万円 | 約**43.2**万円 |
| 30万円 | 約1.5万円 | 約2.7万円 | 約4.2万円 | 約**50.4**万円 |
| 35万円 | 約1.8万円 | 約3.2万円 | 約5.0万円 | 約**60.0**万円 |
| 40万円 | 約2万円 | 約3.7万円 | 約5.7万円 | 約**68.4**万円 |

※健康保険料：10%、厚生年金保険料率：18.3%の場合　※介護保険料は無視

らないのかというと、じつはそうではありません。

ちょっと曖昧なルールですが、一般的な**社員の４分の３以上の時間を働く従業員は、社会保険へ加入しなければならない**と決められています。逆に、週の半分をお休みするようなパート従業員は、今のところ加入させなくてもいいということです。

ところで、法人成りして会社として社会保険に入ったのに、従業員が天引きされるのを嫌がって、「私は国民健康保険のままでいいです」と主張するケースがあります。

この場合、従業員に対する社会保険料の半分を、会社側は負担しなくてよくなるのですから、会社としては大助かりです。

しかし残念ながら、社会保険の**加入義務がある従業員は全員加入させなければならない**のが現状のルールです。

加えて、法人成りをすると、役員報酬をもらう社長や家族従業員も社会保険への加入が義務づけられます。その結果、会社の保険料支払いの負担は相当重くなります。

社会保険料は安くありません。そのため、社会保険の強制加入の義務があることを一番の理由に、法人成りをためらっている個人事業主がたくさんいらっしゃるのですね。

05

# 電話料金など もろもろの料金が高くなる

会社を作ると、細かいところで変更が必要になります。1つひとつは小さなコストですが、ちりも積もれば山となります。

## ●もろもろの経費がかかる

先に法人成りをした先輩方から出てくるグチで多いのは、「会社にすると結構お金がかかるんだよね〜」。

1つひとつをとってみれば、たいした金額ではないものの、これらのジャブが年月を経ると、ボディブローのように重くのしかかってきます。

たとえば、会社を作れば名称が変更されます。それに伴って、**会社案内**から**名刺**、**ホームページ**の変更、**電話帳**の法人登録など、新しい社名を広めるのにコストがかかります。

**携帯電話**や**固定電話**、**電気・ガス・水道**など、これらの日常不可欠なライフラインを法人契約に変更した場合、基本料金の増額変更や、個人での支払いと二重になるケースも出てきます。

それに、同業者の集まりの団体などでは、個人事業主と会社とで会費に差をつけているところも少なくありません。個人資格を付与されて事業を行っている方は、個人と会社で重複して会費を支払わなければならない場合もあります。

また、リース契約などに関しては、契約の見直しが絡んできます。残念ながら、設立間もない企業は実績がありません。そのため、個人事業主時代よりも利率が高くなる可能性があります。

**自動車保険**も要注意です。場合によっては、個人での高い等級が継承できなくて、新たに低い等級での契約を迫られ、保険料が増額されることもあるでしょう。

加えて、個人事業のときには確定申告書レベルであれば自分でできたのに、会社になると、その申告書の難易度がレベルアップします。

ここで、私たち税理士に税務申告の代理を依頼されるわけですが、これも結構お金がかかります。会社一件の**顧問契約**の相場は、月額1万5000円くらいからです。これに「決算料」といわれる申告書作成料が加算されますから、結構な負担に見舞われるでしょう。

ちりも積もれば山となる。コスト意識をつねに持って経営したいものですね。

### 法人成りして増える可能性がある経費

| 経費の種類 | コスト増となる理由 |
| --- | --- |
| **法定福利費** | 新規加入した社会保険の保険料 |
| **広告宣伝費** | 会社案内などの制作費 |
| **通信費** | 携帯電話の新規法人契約による基本料金の増加 |
| **消耗品、事務用品費** | 名刺などの制作費 |
| **水道光熱費** | 電気・ガス・水道などの新規法人契約による基本料金の増加 |
| **諸会費** | 同業者団体などの会費の増加 |
| **リース料** | リース契約の見直しによる利率の増加 |
| **保険料** | 自動車保険などの等級の初期化による保険料の増加 |
| **租税公課** | 登記申請料などの増加 |
| **支払報酬** | 税理士などの専門家への支払い |

06

# 事業資金を自由に使えなくなる

法人成りした場合、個人のサイフと会社のサイフを分ける必要があります。そうしないと、後で大変な課税を受けることになります。

## 会社にプライベート勘定はない

会社の帳簿にプライベート勘定はありません。

たとえば、事業に関係のない、ダイヤの指輪を購入したとします。**個人事業主の帳簿であれば、この支出を「事業主」勘定**として、これは「プライベートな支出ですよ」と意思表示しながら、経費としては認められないものの、自由にお金を引き出すことができます。

ところが、法人成りしたらそうはいきません。

プライベートな支出は、「会社からもらう『役員報酬』という給料から勝手に支払ってね」というのがルールだからです。これを勝手に会社から引き出すと、経費として認められないどころか、社長に対する「**貸付金**」として認定されてしまいます。

また、「会社がお金を貸すとき、利息を徴収してくださいね」という法人税の決まりがあります。会社側が利息をもらうか、もらわなくても、その相当額を会社の利益として戻さなければなりません。

さらにさらに。「俺の会社なのだから、俺が使った金を会社に戻さなくたっていいだろう」といったら、とたんにアウト。これは**「役員賞与」という社長に対するボーナス**となり、社長個人に所得税や住民税が課税されます。それどころか、ボーナスといっても、会社の損金とは認めてくれません。

さらにさらにさらに。社長に対する「貸付金」があると、途端に金融機関の顔つきが変わります。だって、当然です。「うちが御社を信用して、資金繰りのためと思ってお貸ししたお金を、社長のプライベートに使っちゃったのですか？」。ここまでいくと、**次の借入れすら危うくなってしまいます。**

## ●会社に「自己否認」という考え方はない

個人事業主時代には、「自己否認」という処理の仕方がありました。

たとえば、携帯電話をプライベートでも仕事でも使っている場合などです。とりあえず、帳簿に携帯電話会社に支払った経費を全額載せておき、半分の50％はプライベートだから、決算のときに**自己否認して、半分だけを経費に計上する**という処理です。

法人成りすると、これもありえません。会社が支出する経費はすべて、会社の「売上」を目的とした、利益を獲得するための「投資」です。会社はプライベートに投資できないのです。プライベートな経費を1つひとつ取り除いて、会社としてつねに健全な会計処理が求められます。

プライベートと仕事の線引きが苦手な人ほど、法人成りした後の帳簿がぐちゃぐちゃになりがちです。法人成りを検討されている方は、今のうちから襟を正しておきましょうね。

絶対ダメ!!
プライベートに使おう！
会社のサイフ

会社のサイフはプライベートでは使えない

# 07 消費税や所得税がうんとかかる場合も

個人事業から会社へ資産を引き継ぐには、別人格ですから売買取引が必要になります。そのため、所得税や消費税が発生することもあります。

## 法人成りした日の会計処理

法人成りをする場合、それまで個人事業で使っていた屋号が記入されている預金通帳や売掛金、棚卸資産と呼ばれる在庫や購入した固定資産、また返済途中の借金などを会社に引き継ぐかどうかという問題に直面します。これらには税務上の課税リスクが発生することがあるので注意が必要です。

## 現金や売掛金をどう処理するか？

まず、個人事業主時代の預金通帳や売掛金の残高が残っている場合ですが、これはそれほどむずかしくありません。法人成りしても、入金や口座引落としで通帳が動きそうな場合は、**一定期間その口座は解約せず、維持しておいたほうが無難**です。

これは、法人成りという特殊事情のもとで、しっかりとした理由のある合理的な入出金なので問題になりません。合理的な入出金とは、たとえば個人事業主時代の最後に行った掛取引の入金が、会社設立後に振り込まれたようなことです。これを会社の売上にしなければいけないかというと、そんなことはありませんよね。

つまり、**法人成りの日に残っている通帳や売掛金の残高は、そのまま**にして会社に引き継がなくてもいいのです。

## 在庫をどう処理するか？

次に在庫の問題。これは厄介です。なぜかというと、前述した現金や売掛金のように個人所有のままにしておくことができず、かならず会社へ移転をしておかなければならないからです。

このような場合は、個人事業最後の日に棚卸しをして、**残った在庫を「時価」で会社に売却する**ことになります。しかし、通常の一般小売価格、つまり時価で売買すると、個人事業側に利益が出てしまいます。自分の会社に売ったのに利益が出て、所得税が課税されてしまうのです。ここが、法人成りした場合の引継ぎの第1のデメリットです。

次に、第2のデメリットが待ち構えます。それは「**消費税**」です。いくら自分と自分の会社の「売買」だとしても、消費税が課税されてしまいます。

会社のほうは、法人成りのメリットを利用した「免税事業者」になれば問題ありません。しかし、個人事業主時代が消費税の課税事業者だった場合は、なんとこの**在庫の取引に関して消費税の納税義務が発生してしまうのです**。ただし、個人事業主が免税事業者であれば、この問題は発生しません。

## 固定資産をどう処理するか？

個人事業主時代から商売で使用している土地・事務所などの建物や機械、それに車両などの**固定資産**はどうなるのでしょうか。

土地や事務所は「不動産」ですから、登記上の名義人の問題も絡みます。加えて、その不動産を所有するのに、銀行担保として抵当権が設定されているケースは珍しくありません。そのため、会社へ名義を変えるのは実務上不可能なことが多いといえます。これらは「**会社へ引き継がない**」ことをオススメします。

では、会社に「貸して」あげたらどうでしょうか。他人から店舗や事務所などを借りるのと同様に、適正な賃料をもらえば、個人も会社も税金の増加にはつながりません。ここでいう「適正」とは、この賃料が発生する不動産の減価償却費や固定資産税、銀行の利子などの不動産収入を得るのにかかる経費の合計額を指します。

ただし、個人事業を廃業しても、この場合は「不動産所得」が発生しますので、引続き**「確定申告」をしなければならない**のがデメリットです。

一方、工場の機械などはどうでしょうか。

機械を買ったときに借入れなどがあれば、その**借入れと一緒に会社へ引き継ぐ**ことをオススメします。中古の機械の金額と借金の残高が同じレベルだからです。また、引続き借入れの返済を行うに当たって、理由もなしに会社から借入相当額を引き出すことはできません。法人成りした後も使用する機械ですから、減価償却という手段で経費化したほうがトクです。

もしも、借入れがなく、リース契約であれば、名義変更して、引続き使用すれば問題ありません。これは**リース会社との問題で終わる**からです。

車両は、名義変更にお金と労力を必要とします。ですから、会社での使用がはっきりとわかっていれば、帳簿上会社へ引き継ぐものの、**名義変更はしないでも**、会社側の経費として認められるケースが一般的です。ですから、これも、法人成りした場合の、経費としてのデメリットは回避できます。ただ、リース契約でない機械も、この車両も、在庫と同じように法人へ売却したこととなんら変わりのない処理になりますから、個人事業側に消費税を課税されてしまう可能性は高いでしょう。

## 負債をどう処理するか？

**負債**の引継ぎも考え方は一緒です。個人事業主時代の仕入先への未払い分などは、そのまま引き継がないようにします。前述の売掛金と同様に引き継がずに、入出金が終わればそれですみます。

銀行などからの借入金は線引きが必要です。

先ほど説明したように、固定資産などの設備投資を理由とした借入れは、帳簿の資産と負債に同じレベルの残高が残っているはずです。これらを一緒に会社へ引き継げば、ほぼ問題はありません。

しかし、運転資金やプライベートな借金を会社へ移すことはできません。法人成りした場合、この種類の借入れは、会社から給料をとって、その中でやりくりして支払わなければダメです。会社が社長の借金を不当に肩代わりして、「役員賞与を支給した」とみなされる場合がありますから、注意しましょう。

## ●法人成りしたときの資産の引継ぎ

※個人が消費税の課税事業者の場合

### ●個人の資産（時価）＜ 会社へ売却する値段

＜個人側＞

個人の資産で、
会社に必要なもの
100円

（譲渡）所得が発生！

この消費税の
納税義務も発生！

＜会社側＞

200円

＋消費税

### ●個人の資産（時価）＝ 会社へ売却する値段

＜個人側＞

個人の資産で、
会社に必要なもの
100円

（譲渡）所得は発生しない

この消費税の
納税義務も発生！

＜会社側＞

100円

＋消費税

### ●個人の資産（時価）＞ 会社へ売却する値段

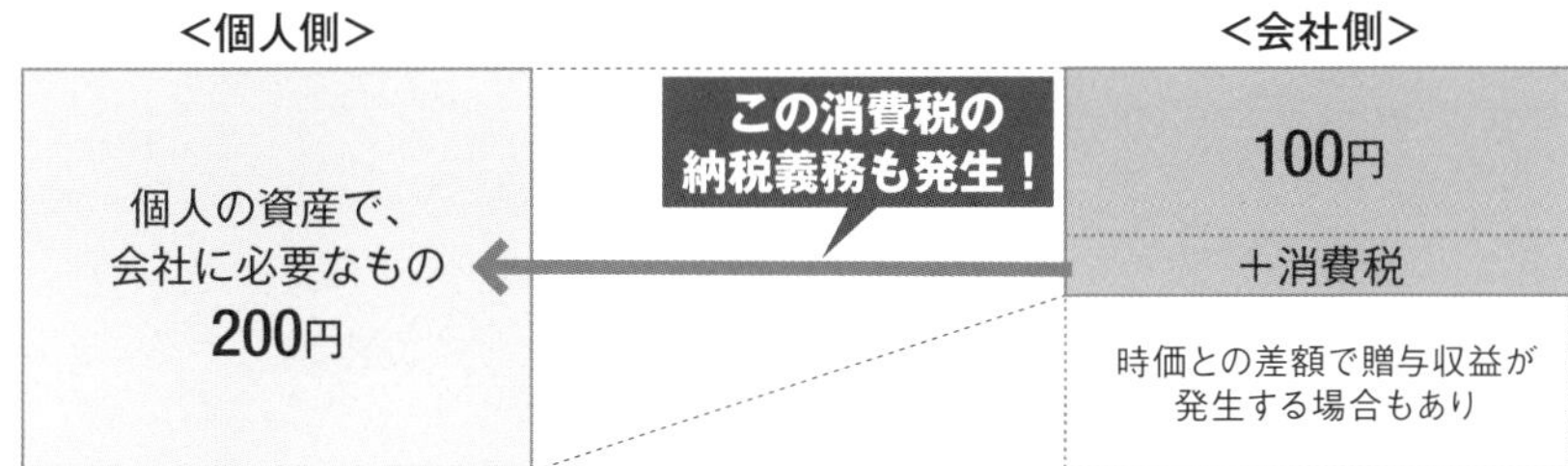

## 社会保険に入っていない会社の問題

ある社会保険労務士さんの話です。

その方は、社会保険に入るように促すため、社会保険に未加入の会社に対して説明をして回っています。

じつは、以前は５人未満のところは、たとえ会社でも社会保険は任意加入だったのです。その当時は、社会保険に入るには、社会保険事務所にお願いして入るようなものでした。

ところが、法律が変わり、今はすべての会社が社会保険に加入しなければなりません。

この社会保険労務士さんは、法律で義務づけられている社会保険に未加入の会社が少なくないため、加入をススメて回っているのです。

しかし、すべての会社がその勧誘（？）どおりに、社会保険に加入してくれるわけではありません。そんな話に耳を傾けてくれる会社も少なくなってきているのです。

加入を促す話をしているときも、最後には「事業が不安定で、社会保険どころじゃないよ。給料だってまともに払えやしない」と嘆きの言葉がたくさん返ってくるそうです。そうした経営者にとっては、社会保険料の負担は経営を圧迫する要因の１つと考えられるのでしょう。

未加入の会社の中には、儲かって余裕ができてから社会保険に加入することを考えているところもあるでしょう。でも、社会保険への加入は会社の義務です。最近は、加入依頼の通知や、督促状、年金事務所への来所通知が、未加入会社に頻繁に届くようになっています。

未加入の会社は一刻も早く、加入しなければなりませんね。

# 第6章

# 実際に、会社を設立してみよう

01

# 会社の種類にもいろいろある

会社の種類は「株式会社」「合同会社」「合資会社」「合名会社」の4つ。メリット・デメリットをつかんで、自分に適した形態を見つけましょう。

## ●法人には4つの形態がある

これまで紹介してきたメリット・デメリットを比較し、法人成りしたほうがメリットがあるとなったら、いよいよ法人を設立することになります。

会社には4つの種類があります。それぞれのメリットとデメリットを把握して、自分に適している形態を選びましょう。

現行の会社法で認められている法人の設立形態は、**「株式会社」「合同会社（LLC）」「合資会社」「合名会社」**の4つです。

「有限会社」に関しては、平成18年の会社法改正以後、設立ができなくなりました。それ以前に設立された有限会社は、「特例有限会社」として株式会社の法律と同じしばりの下で現存しています。

## ●株式会社のメリット・デメリット

「株式会社」は、もっとも法人数が多く、信用性の高い設立形態です。

以前は、株式会社の最低資本金は1000万円でした。これを用意できない会社は有限会社（最低資本金300万円）を設立していました。現在は、最低資本金の制度が撤廃され、資本金1円でも会社を設立できます。そのため、株式会社という選択はとても身近なものになったのです。

ただし、**会社設立にかかる費用がもっとも高い**のも株式会社です。株式会社以外の会社は、原則として定款を作成した後、公証役場での認証が不要です。この認証には約3万~9万円かかります。また、法務局に登記を申請するときにかかる登録免許税の最低必要金額も、株式会社より9万円安くすみます。

ちなみに、法務省の「オンライン申請システム」を使うと、印紙代4万円がかからずにすみます。ただし、必要なソフトウエアをインストールしたり、ユーザ登録を行ったりと、けっこう面倒な作業が発生します。

ですから、初めて会社を作る場合は、やはり公証役場に直接持ち込む方法をオススメします。

## ●会社形態による株主責任の違い

会社を設立するときに検討するべきことは、「どういう会社だといくらかかるのか?」だけではありません。「会社を設立した後に、万が一倒産した場合、どの程度責任をとらなくてはならないのか?」も考えなくてはなりません。

まず、「株主」としての立場から。

株式会社や(特例)有限会社、合同会社は、株主が出資した範囲内で「**有限責任**」をとるにとどまります。つまり、出資金を払い込めばその責任が終わるので、たとえ多額の債務を残して会社をやめるときでも、その返済の責任は負いません。

一方、合名会社の社員(株主)と、合資会社の一部の社員は「**無限責任**」です。そのため、会社が倒産したときに残った債務には、個人的に返済義務が発生します。

ただし、**中小企業では「株主=社長=会社の借金の連帯保証人」**であることがほとんどです。そのため、会社に万が一のことがあった場合、その弁済から逃がれられません。銀行などから借入れする場合、かならずといっていいほど、社長が連帯保証人になるように要求されます。しかし、仕入先への債務などは、連帯保証を要求されることはまれですので、その分は有限責任となります（82ページ参照）。

次に「取締役」という立場についてです。

株式会社などの場合、株主としては出資額分だけの有限責任です。そして、連帯保証人になっていなければ、個人的な責任も発生しません。

しかし、倒産のような大きな失敗をした場合、取締役としての責任が追及されるケースがあります。

取締役は、業務を執行する一切の権限を持っていますから、第三者は取締役を信用して取引をします。このとき、取締役に重大な過失があったり、やるべきことをやらずに第三者に被害を与えた場合は、取締役としての責任を問われることがあるのです。

自分の商売を、自分の責任において実行するのは、個人事業も中小企業も同じです。ですから、「いざというとき、逃げも隠れもしない」と肝に銘じて、会社のかじ取りを行うようにしましょう。その覚悟が、会社の信頼アップにつながるはずです。

## 合同会社はオススメか？

会社法の改正後に、新たな設立形態として制定されたのが「合同会社（ＬＬＣ）」。

まだまだなじみは薄いですが、この会社、じつは結構ラクなのです。

まず、資本金が1円から設立できて、出資者の責任は株式会社と同じく**「有限責任」**です。**取締役（業務執行社員）も1名**からでよく、株式会社に遜色ない会社を構成することができます。また、**役員の任期がない**ので、任期ごとの改選による登記費用が発生しません。

さらに、合同会社では設立時に必要な定款を公証役場で認証（約3万〜9万円）してもらうことが原則不要です。

法務局に登記を申請するときの登録免許税の最低必要金額も、株式会社よりも9万円安くすみます。もちろん、認証の手間も省略できるので、手続き面でもメリットがあります。

節税の特典も、株式会社とほぼ同じものが得られます。この「合同会社」、結構あなどれません。

ただし、株式会社と比べて、まだまだ**認知度が低い**のが現状です。そのため、法人成りした場合の大きなメリットの1つである「信用面」では劣って見られることがあります。

## 会社形態の違いによるメリット・デメリット

<table>
<tr><th colspan="2"></th><th>株式会社</th><th>合同会社</th><th>合資会社</th><th>合名会社</th></tr>
<tr><td colspan="2">資本金の額</td><td colspan="2">1円～</td><td colspan="2">任意</td></tr>
<tr><td colspan="2">出資者の責任</td><td colspan="2">有限責任</td><td>無限責任、有限責任</td><td>無限責任</td></tr>
<tr><td colspan="2">社会的な認知度</td><td>◎</td><td>△</td><td colspan="2">○</td></tr>
<tr><td colspan="2">赤字でも支払う均等割</td><td colspan="4">あり</td></tr>
<tr><td colspan="2">役員の数</td><td colspan="2">1名～</td><td colspan="2">2名～</td></tr>
<tr><td colspan="2">役員の任期</td><td>最長10年</td><td colspan="3">期限なし</td></tr>
<tr><td rowspan="2">設立時のコスト</td><td>定款認証費用</td><td>約3万～9万円※</td><td colspan="3">不要（0円）</td></tr>
<tr><td>法務局への登記費用</td><td>15万円～</td><td>6万円～</td><td colspan="2">6万円</td></tr>
<tr><td rowspan="3">設立後の各種変更コスト</td><td>役員の変更登記費用</td><td colspan="4">1万円～</td></tr>
<tr><td>本店（住所）の変更登記費用</td><td colspan="4">3万円～</td></tr>
<tr><td>増資（出資金の追加）登記費用</td><td colspan="2">3万円～</td><td colspan="2">不要（0円）</td></tr>
</table>

※認証手数料は資本金額により3万～5万円
※収入印紙代は4万円。ただし電子定款の場合はかからない

02

# 以前よりも会社が作りやすくなった

平成18年の会社法大改正を境に、会社の設立はとてもカンタンになりました。ここでは、大きく規制緩和された内容を紹介します。

## 有限会社はなくなった

前項でも紹介したとおり、会社法改正によって、「有限会社」という種類の会社はなくなりました。ただし、現在も「特例有限会社」として、その形態を保っている会社はあります。

会社法改正以前は、株式会社の資本金は最低1000万円で、有限会社の資本金は300万円でした。そのため、小さな会社を作るときは、有限会社で始めることが多かったのです。

また、「役員が1名でもOK」というのも有限会社のメリットでした。取締役を3名、監査役を1名設定する必要があった株式会社に比べて、断然、設立がカンタンだったのです。

新会社法の施行後、会社の種類として登記されているのは、「株式会社」「合同会社」「合資会社」「合名会社」の4つのみ（前項参照）。つまり、有限会社での会社設立は不可能になったのです。

そんな有限会社のメリットを一部引き継ぐかのように、株式会社を設立するルールがとてもラクになりました。

## 資本金は1円からでOK

まず、株式会社を作るにあたって、かならず用意しなければならない**資本金の最低金額が1円から**になりました。

ただし、設立の手続きなどにもお金はかかりますし、会社としての信用もありますので、資本金1円でのスタートはあまりオススメできません。

しかし、資本金1円でも、株式会社を設立することができるようになったのは、大きなメリットといえるでしょう。

## ●会社名が自由化された

**「類似商号」の調査も不要**となりました。昔は、同じ地域に似たような会社の名前がすでに存在していると、社名を思いどおりにつけられませんでした。しかし、「同一住所で同一の会社名でなければ問題なし」となったのです。

とはいっても、たとえば一部上場企業とまったく同じ社名をつけたり、地元の優良企業とまったく同じ名前にして便乗しちゃってもいいかというと、そうではありません。取引上の信用問題がありますから、訴えられる可能性が出てきちゃうでしょうね。

## ●資本金の証明がカンタンに

会社を設立するときは、まず「会社を作ろう！」という人が中心になります。たとえば、「**出資金**」という創業時の準備金を集めたり、設立時の事務やその他の準備を行う中心選手です。この人を「**発起人**」と呼びます。

この発起人だけが出資する形態を「**発起設立**」といい、発起人以外にも出資を広く要請して資本金を集める形態を「募集設立」といいます。

一般的に個人事業主が法人成りする場合、発起人（自分）のみが出資する発起設立になります。

出資した証拠については、出資者がほかにいないことから、発起人などの任意の**個人通帳へ出資してもらうことでよくなりました**。具体的には、通帳の表紙、その次のページ（表紙の裏のページ）、出資した金額が記載されているページの3カ所、これをコピーして添付することで出資を証明できます。とってもラクですね。

ただし、ただ単に預入れしてしまうと、出資した人の氏名が通帳に記載されません。ですから、透明性を保つために、たとえ自分の通帳に自分で出資金を払い込んでも、これをわざわざ**振込み扱いにして氏名を記入する**ことが原則必要です。

## ●組織のルールを簡素化しやすくなった

会社法の改正後、会社の定款に「**株式の譲渡制限に関する規定**」を設ければ、役員の数、取締役会の設置の有無、役員の任期などを簡素化することができるようになりました。

株式の譲渡制限とは、会社の株を自由に売買できず、つねに会社側の機関の承認を必要とするルールです。

そうそう株主の変更がない中小企業にとっては、これを上手に利用することで、手続きや金銭的な節約が期待できますので、かならず設けておいたほうがいい規定です。

## ●役員は一人でもＯＫ

旧会社法では、役員を一人で設立する形態は、有限会社には認められていましたが、株式会社では認められていませんでした。

ところが、新会社法の施行にともない、「株式の譲渡制限に関する規定」を設ければ、取締役が複数で構成される「取締役会」というものが、任意の機関でＯＫとされました。そのため、株式会社においても役員が一人の会社を作ることができるようになりました。**株主も一人、社長も一人でいい**のですから、たった一人で株式会社を設立できるというわけです。

## ●役員の任期は10年にしよう

旧会社法では、取締役の任期は２年、監査役の任期は4年と決まっていました。

昔は、たとえ役員構成に変更がなくても、2年や4年に一度、役員を改選して、変更登記することが必要でした。

これも先ほど説明した「株式の譲渡制限に関する規定」が定款に記載されていれば、**10年まで任期を延ばすことが可能**になったのです。その結果、これらにかかる事務手続きや登記費用のロスがなくなりました。

ただし、「使用人兼務役員」と呼ばれる、役員待遇の第三者の従業員がいる企業に関しては、任期途中でなかなか辞めさせづらくなるなどのデメリットが考えられます。

このようなケースでは、短い期間での役員改選をオススメします。



**新会社法のメリット**

| 形態 | 旧会社法 | | 新会社法 |
|---|---|---|---|
| | 株式会社 | 有限会社 | 株式会社 |
| 資本金 | 1,000万円～ | 300万円～ | 1円～ |
| 類似商号 | 確認必要 | | 確認不要 |
| 資本金の証明 | 銀行の保管証明書が必要 | | 通帳のコピーでOK |
| 取締役の数 | 3人～ | 1人～ | 1人～ |
| 監査役の数 | 1人～ | 任意 | 任意 |
| 取締役の最長任期 | 2年 | 制限なし | 10年 |

※新会社法の株式会社は「株式の譲渡制限に関する規定」を定款に設けた場合

03

# 会社設立までの大まかな流れを知る

会社を作るのは大変です。でも、手順どおり行えば思ったよりも容易にできます。まず、会社設立の流れを大まかに見てみましょう。

## 会社の重要事項を決定しよう

会社を作ることとは、すなわち順を追って書類を作成し、手続きをすることの繰返しです。実際に株式会社を作成する手順を追いつつ、その流れを見てみましょう。

まず、株式会社を設立するときの登場人物の青写真を決めなければなりません。登場人物とは、「発起人」「株主」「代表取締役」「取締役」で、場合によって「監査役」や「会計参与」が加わります。

一人で会社を設立される方は、自分が発起人（言いだしっぺ）であり、株主（オーナー）であり、そして代表取締役（社長）となります。

はじめに、発起人が会社の骨格を決定し、これを**「定款」**という社内ルールに定めます。

この定款には、会社名、住所、目的、出資関連、役員関連、決算日など、会社を運営するうえでもっとも重要な事項を取り決めて記載します。

そして、これらが適法に成立したことを証明してもらうべく、**公証人の認証**を受けにいきます。

また、会社の**「代表印」**（実印）の作成も必要です。次のステップで、登記書類関係の手続きの際に、代表印を使用することになるからです。

さらに、出資金を払い込み、これを保管することも必要です。

詳しくは次項以降で説明しますが、手順を追って進めれば問題ありません。

そして、設立に必要な書類を作成し、登記所（法務局）へ提出するのですが、**登記所へ提出した日が「会社成立の日」**になりますから、記念日や日のよい日を選ぶのであれば、ゆとりのある日程で準備を進めるといいでしょう。

### 会社設立までの大まかな流れ

**会社の重要事項の決定**
（→P.136）

会社名、会社の種類、代表取締役、出資額、本店の住所、目的などを決める

↓

**定款の作成と認証手続き**
（→P.140）

会社の憲法である「定款」を作り、それを認証してもらう

↓

**出資金の払込み**
（→P.150、P.152）

資本金を払い込み、その証明書を作る
※現物出資の場合は「調査報告書」などを作る

↓

**登記申請書の作成と登記**
（→P.156）

「株式会社設立登記申請書」を作り、登記所に行って登記をする

↓

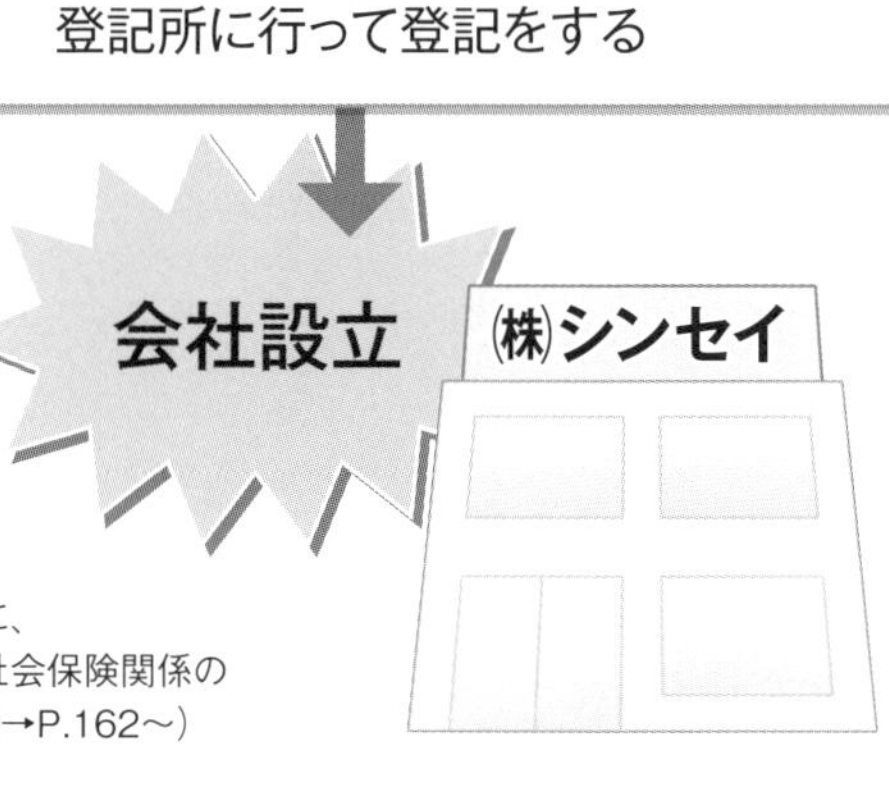

**会社設立**

㈱シンセイ

※会社設立後に、税務関係や社会保険関係の手続きを行う（→P.162～）

04

# 会社設立時に決めなければならないこと

会社を作るには、事前に重要事項を決めておく必要があります。個人事業からの資産の引継方法も決定しておきましょう。

## 会社の骨格を決める

会社を作るまでの中心人物を「**発起人**」と呼びます。発起人は、会社名（会社の種類を含む）、目的、本店の所在地、出資金（設立のときに発行する株式の数や今後発行可能な株式の数）、役員（取締役や監査役の数、取締役会や監査役会設置の有無、会計参与設置の有無）、事業年度（決算日）など、会社の骨格にかかわるすべての事項を決定しなければなりません。一度決定して設立までこぎつけたら、これらの事項は**変更があるたびに、変更登記を申請しなければならない**ものがほとんどですから、慎重に決定しましょう。

## 会社に引き継ぐ財産を決める

個人事業主時代に事業で利用していた固定資産や在庫などを、会社に引き継ぐことができます。

引き継ぐ方法は2種類あります。設立時に「**現物出資**」という形で会社へ資産を移転する方法と、個人と会社の間で「**売買**」をして、設立後に資産を移転する方法です。

まず、現物出資に関してですが、会社設立後の貸借対照表（62ページ参照）に記載できるものであれば、すべてその対象とすることができます。ただし、その引き継ぐ**金額は原則「時価」で引き継がなければなりません**。時価からかけ離れた高い金額を査定しますと、出資者に対して対価以上の株式を「贈与」したと認定されかねませんから注意が必要です。

会社設立後、無償で資産を譲り渡すという方法も考えられるでしょう。しかし、無償で渡してしまうと、その財産の時価相当額を会社に「贈与」したことになります。会社設立後に思わぬ課税を受ける可能性がありますから、このやり方もオススメできません。

次に、会社を設立した直後に、財産を「売買」する方法です。この場合の注意点も、**「時価」で取引すること**です。

ところで、売買するときに注意することがあります。それは、消費税です。

売却する側の個人事業主が消費税の課税事業者である場合は、この売買も日常の売上と同じく、消費税の課税取引に該当するからです。個人事業の最後の確定申告時に消費税の納付が増えるケースもありますので注意しましょう（120ページ参照）。

## 会社に引き継げない財産とは

個人事業主時代に使っていた財産の中には、会社に引き継げない財産もあります。

たとえば、自宅兼事務所や自宅兼店舗として建設した建物などは、資産として認識できるものの、この建設費用は金融機関からの借入れによっているケースがほとんどでしょう。

銀行の担保となっている**建物などは、会社へ「賃貸」する方法に切り替えるのが一般的です**。会社へ賃貸する場合、この賃料を個人で受け取るわけですから、「不動産収入」が新たに発生する場合が出てきます。賃料を決めるときは、周辺の相場と、不動産収入を得るのに必要な支出（借入れの返済のための元本、利息、固定資産税、共益費など）を計算して決めるといいでしょう。

リース契約の物件に関しても注意が必要です。リースは借りているものですから、個人は所有権を持っていません。このように、第三者の権利が絡んでいる資産を会社へ引き継ぐことは困難です。

この場合は、**新たにリース会社と法人成りした後の会社で再契約を結ぶ**ことになります。

## ●小規模企業共済はどうなる？

個人事業主時代に、節税や老後資金の貯蓄のために加入した「**小規模企業共済**（48ページ参照）」の契約は、一定の要件を満たせば、引続き維持することができます。

一定の要件とは、①個人事業の廃業により共済の解約理由はできるが、その共済金を請求しないこと、②個人事業の廃業後1年以内に法人成りがあった旨を申し出ること、③法人成りした後も小規模企業共済に加入できる資格を有していること、の3つすべてを満たすことです。

この継続のことを、「掛金納付月数の通算」といいます。

また、個人事業主時代に節税や取引先の倒産など

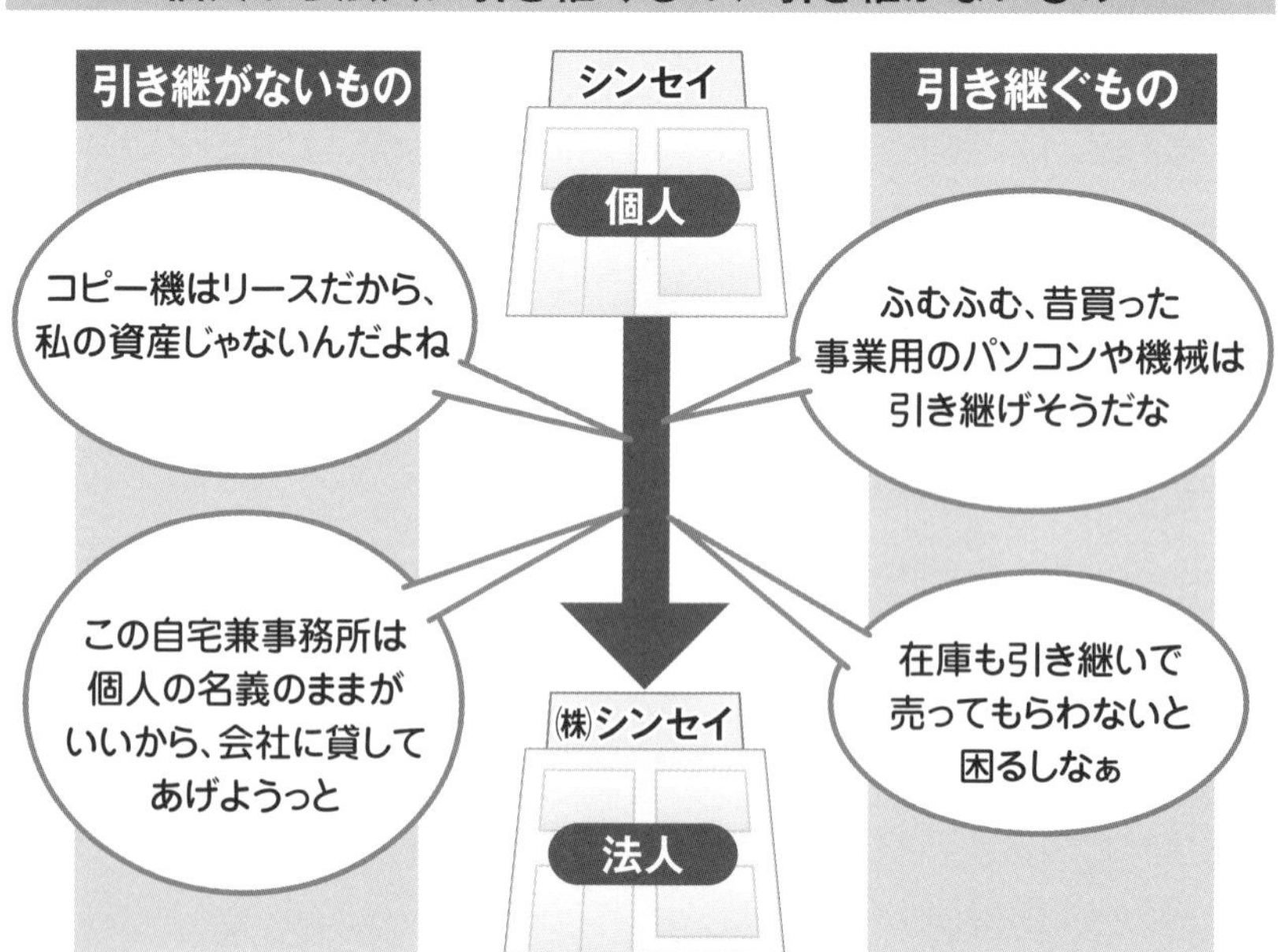

個人から法人に引き継ぐもの、引き継がないもの
引き継がないもの
シンセイ
個人
引き継ぐもの
コピー機はリースだから、私の資産じゃないんだよね
ふむふむ、昔買った事業用のパソコンや機械は引き継げそうだな
この自宅兼事務所は個人の名義のままがいいから、会社に貸してあげようっと
在庫も引き継いで売ってもらわないと困るしなぁ
㈱シンセイ
法人

に備えて加入した「**経営セーフティ共済**（48ページ参照）」の契約も、一定の要件を満たせば、引続き維持することができます。

一定の要件とは、①法人成りがあってから、3カ月以内に届け出ること、②法人成り後も中小企業者であること、③法人成り後も引続き加入要件を満たしていること、④個人事業主時代に貸し付けられた貸金などの弁済を行うこと、の4つすべてを満たすことです。

この継続を「共済契約の承継」といいます。

## ●会社の代表印を作ろう

会社名が決まったら、会社のハンコを用意する必要があります。会社名と役職名を印字しますので、「株式会社○○○○代表取締役印」などと彫られているものを手配してください。このハンコのことを「**代表印**」や「**実印**」といいます。

作成した代表印は、銀行印としても使用することができますので、その保管をきちんとできる方は、別に銀行印を作成しなくても間に合うでしょう。

また代表印は、会社の登記申請とともに、法務局で「印鑑登録」します。

銀行からの借入れ時や、重要な契約時の添付書類として法人の印鑑証明書を発行させられますから、大切に取り扱いましょう。

**代表印のサイズとサンプル**

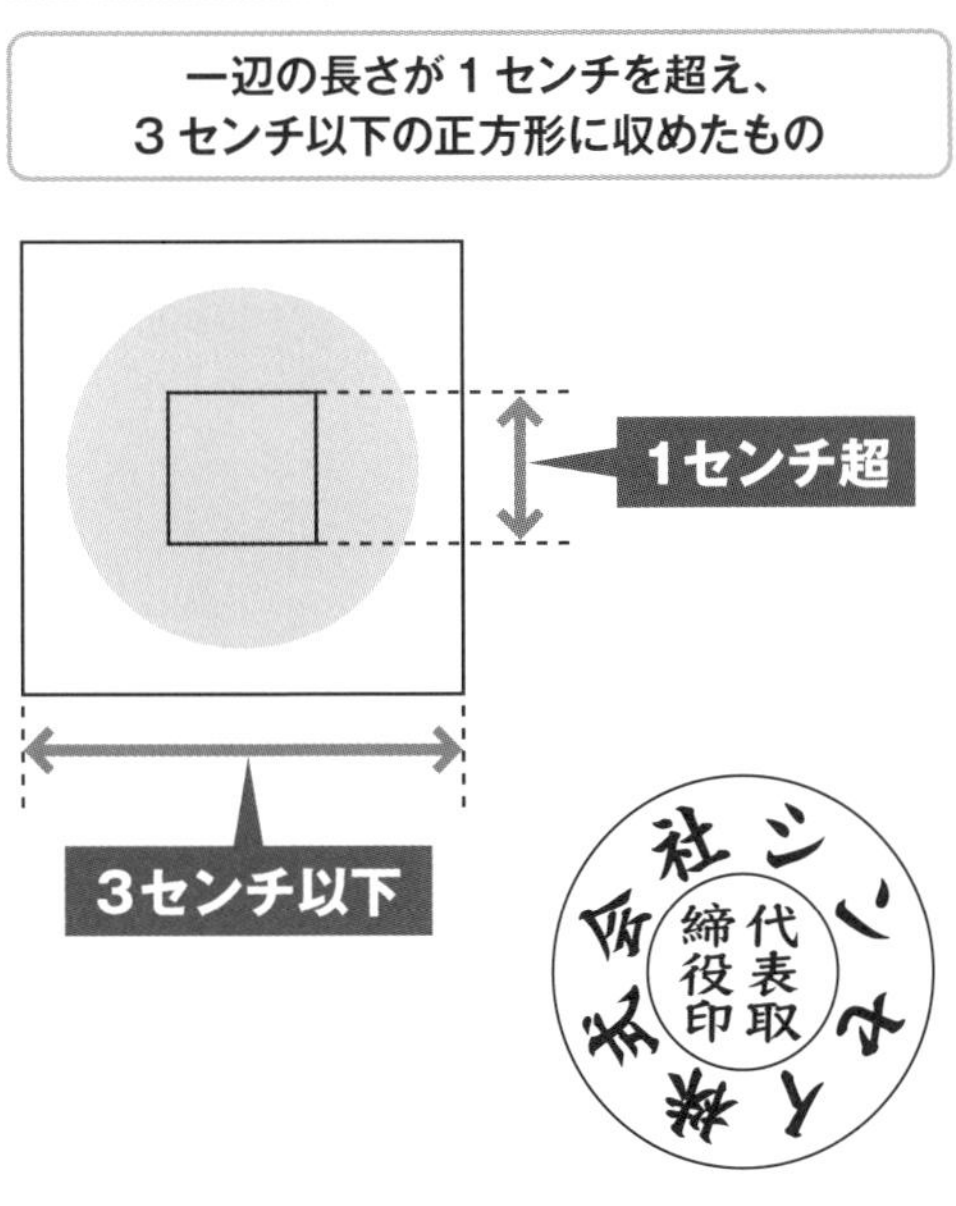

一辺の長さが1センチを超え、
3センチ以下の正方形に収めたもの

1センチ超

3センチ以下

代表取締役印

# 05 定款を作って公証人の認証を受ける

会社の基本的なルールを記した書類を「定款」といい、会社設立には欠かせない書類です。定款は公証人に認証してもらわなくてはなりません。

## ●そもそも「定款」とは

「**定款**」とは、会社の基本的なルールで、国家でいえば憲法に該当するものです。そのため、法人成りした後は、自分たちで決めた規則である定款に沿って事業を行うことになります。

定款に記載することには、「**絶対的記載事項**」「**相対的記載事項**」「**任意的記載事項**」の3つがあります。それぞれ説明していきましょう。

## ●絶対的記載事項とは

定款の中に**記載しなければ**、**定款そのものが全部無効になってしまう事項**を「絶対的記載事項」といいます。

項目は、「①会社名、②会社の目的、③会社の住所、④資本金、⑤発起人の名前と住所、⑥発行可能な株の総数」の6つです。

### ①会社名（商号）

まず、会社の名前を決めます。会社名のことを「**商号**」ともいいます。

株式会社の場合、会社名の前か後に「株式会社」を入れなければなりません。「マエカブ」や「アトカブ」といわれるのが、それです。

社名に迷ったときは、個人事業主時代に親しまれている「屋号」があれば、それを社名としてはどうでしょうか。

　社名は、ローマ字やアラビア数字（「1」「2」「3」など）の表記も可能です。

　また、会社法の改正により、似た社名を排除する「類似商号」に関しては、同一住所で同一名称でなければいいと、大幅に緩和されました。類似商号の調査は登記所で行うことができます。

### ②会社の目的

　法人の場合、**「目的」に書かれていない事業を行うことはできません**。そのため、会社で営業する内容を細大もらさず記載することが必要です。会社を設立するときには行っていないことでも、事業として将来考えられる項目は記載しておくといいでしょう。また、最後に**「前各号に附帯する一切の事業」と入れることで、関連する事業をフォローすることが可能**になります。

### ③会社の住所

　会社の住所（本店の所在地）も記載する義務があります。個人事業の事業所所在地を引続き会社の住所とすれば問題ないでしょう。

　しかし、その所在地が賃貸で、近々移転の計画がある場合には、たとえば代表者の自宅を本店とすることも可能です。会社設立後に本店を移転する場合には、その都度、本店を移転したことを伝えるための登記が必要になります。

### ④資本金（設立に際して出資される財産の最低額）

　最初に出資する額（資本金）も絶対的記載事項です。金銭ではない、「現物出資」をする場合は、その財産の種類と財産の金額を記載しなければ認められません（152ページ参照）。

　また、会社を作った後に資本金を増やすこと（増資）も可能です。この場合も変更したことを登記することが必要になります。

⑤発起人の名前と住所

発起人は、ご自身でOKです。個人の印鑑証明書に記載されている氏名、住所を記載します。

⑥発行可能な株の総数

会社が**当面何株まで発行できるかを決めます**。

増資する場合、ここで記載した株数の中で行います。中小企業の当面の資本金の目標は1000万円。さらに年月をかけて2000万円程度まで増資できれば、より盤石な会社といえるでしょう。

## 相対的記載事項とは

定款に記載がなくても、定款そのものの効力には影響ありませんが、**定款に定めなければ効力が生じない事項**を「相対的記載事項」といいます。

現物出資や発起人の報酬、株式の譲渡制限に関する規定などがこれに当たります。

なかでも、「**株式の譲渡制限に関する規定**」は重要です。これが有効な場合とそうでない場合とでは、手続きの簡略化に差が出るからです（132ページ参照）。この規定は記載しておくことをオススメします。

## 任意的記載事項とは

定款に記載がなくても、定款そのものの効力に影響がなく、かつ定款に定めなくても効力が生じる事項を「任意的記載事項」といいます。

その中でも定款に載せてほしい内容は次の4つです。会社になくてはならないルールですから、かならず明確にしておきましょう。

①会社の公告の掲載場所（官報や新聞など）
②取締役や監査役の設置や人数（最低1名の取締役から設立可能）
③取締役の任期（最高10年まで設定可能）
④会社の事業年度（決算日をいつにするか）

## 定款の記載事項

| 項目 | | 記載事項（内容） |
|---|---|---|
| 絶対的記載事項 | ①会社名（商号） | 会社名の前か後に「株式会社」と入れる |
| | ②会社の目的 | 内容を細大漏らさず記載。最後に「前各号に付帯する一切の事業」と入れる |
| | ③会社の住所（本店の所在地） | 会社の住所を記載 |
| | ④資本金（設立に際して出資される財産の最低額） | 資本金を記載 |
| | ⑤発起人の名前と住所 | 発起人の名前と住所を記載 |
| | ⑥発行可能な株の総数 | 会社が発行する株式の総数を記載 |
| 相対的記載事項 | 株式の譲渡制限に関する規定 | 記載されていると手続きが簡略化される |
| 任意的記載事項 | ①公告の掲載場所 | 「官報」や「○○新聞」と記載 |
| | ②取締役の数 | 社長一人の会社にするなら「1名」と記載 |
| | ③取締役の任期 | 手間を省くためには「最高10年」と記載 |
| | ④会社の事業年度 | 何月何日から何月何日までとするか記載 |

### ●公証人による認証を受ける

定款が無事にできあがったら、登記の前に**公証人に認証**をしてもらう必要があります。これは会社の根本原則となる重要な文書が、真正かつ適法に作られていることを確保するためです。

公証役場は全国各地に設置されていますが、認証は会社の本店を置こうとする都道府県内の公証役場であればどこでも扱ってもらえます。

認証に必要なものは、①定款3部、②発起人の印鑑証明、③発起人の実印、④収入印紙（4万円、電子定款の場合は不要）、⑤認証手数料（3万～5万円）です。また、定款の登記簿謄本を交付してもらうための手数料もかかります。

認証が終了した後から、登記の手続きまでの間に、定款の不備が見つかった場合や、追加したい項目が出た場合、変更するのは非常に困難です。ですから、定款の認証を受ける前に、一度公証人に内容を確認してもらうといいでしょう。

# 株式会社シンセイ
# 定　款

令和○○年○○月○○日　作　　成

令和　　年　　月　　日　公証人認証

令和　　年　　月　　日　会社設立

1

## 定款のサンプル（2ページ目）

「前各号に附帯する一切の事業」と入れる

絶対的記載事項

# 定　款

## 第1章　総　則

（商　号）
第1条　当会社は、株式会社シンセイと称する。

（目　的）
第2条　当会社は、次の事業を営むことを目的とする。
1. 書籍の執筆、編集、販売
2. 雑誌の執筆、編集、販売
3. インターネットにおける情報等の収集、リサーチ
4. インターネットにおける情報等の販売
5. 前各号に附帯する一切の事業

（本店の所在地）
第3条　当会社は、本店を東京都台東区に置く。

（機関構成）
第4条　当会社は、取締役会、監査役その他会社法第326条第2項に定める機関を設置しない。

（公告の方法）
第5条　当会社の公告は、官報に掲載して行う。

## 第2章　株　式

（発行可能株式総数）
第6条　当会社の発行可能株式総数は、500株とする。

2

## 定款のサンプル(3ページ目)

「株式の譲渡制限」は入れておく

(株券の不発行)
第7条　当会社の株式については、株券を発行しない。

(株式の譲渡制限)
第8条　当会社の株式を譲渡により取得するには、株主総会の承認を要する。

(株主名簿記載事項の記載の請求)
第9条　株式取得者が株主名簿記載事項を株主名簿に記載することを請求するには、当会社所定の書式による請求書に、その取得した株式の株主として株主名簿に記載された者又はその相続人その他の一般承継人及び株式取得者が署名又は記名押印し、共同して請求しなければならない。
ただし、法令に別段の定めがある場合には、株式取得者が単独で請求することができる。

(質権の登録)
第10条　当会社の株式につき質権の登録を請求するには、当会社所定の書式による請求書に設定者が署名又は記名押印して提出しなければならない。その登録の抹消についても同様とする。

(基準日)
第11条　当会社は、毎事業年度末日の最終の株主名簿に記載された議決権を有する株主をもって、その事業年度に関する定時株主総会において権利を行使することができる株主とする。
② 前項のほか、株主又は登録株式質権者として権利を行使することができる者を確定するため必要があるときは、取締役は、臨時に基準日を定めることができる。ただし、この場合には、その日を2週間前までに公告するものとする。

(株主の住所等の届出等)
第12条　当会社の株主、登録株式質権者又はその法定代理人もしくは代表者は、当会社所定の書式により、その氏名又は名称及び住所並びに印鑑を当会社に届け出なければならない。届出事項等に変更を生じたときも、同様とする。
② 当会社に提出する書類には、前項により届け出た印鑑を用いなければならない。

3

## 定款のサンプル(4ページ目)

### 第3章　株主総会

(招　集)

第13条　当会社の定時株主総会は、毎事業年度末日の翌日から3か月以内に招集し、臨時株主総会は、必要に応じて招集する。

②　株主総会は、法令に別段の定めがある場合を除くほか、社長がこれを招集する。

③　株主総会を招集するには、会日より3日前までに、議決権を有する各株主に対して招集通知を発するものとする。ただし、招集通知は、書面ですることを要しない。

(招集手続の省略)

第14条　株主総会は、その総会において議決権を行使することができる株主全員の同意があるときは、招集手続きを経ずに開催することができる。

(議長及び決議の方法)

第15条　株主総会の議長は、社長がこれに当たる。

②　株主総会の決議は、法令又は本定款に別段の定めがある場合を除き、出席した議決権を行使することができる株主の議決権の過半数をもって行う。

③　会社法第309条第2項に定める株主総会の決議は、議決権を行使することができる株主の議決権の過半数を有する株主が出席し、出席した当該株主の議決権の3分の2以上に当たる多数をもって行う。

(株主総会の決議の省略)

第16条　株主総会の決議の目的たる事項について、取締役又は株主から提案があった場合において、その事項につき議決権を行使することができるすべての株主が、書面によってその提案に同意したときは、その提案を可決する旨の株主総会の決議があったものとみなす。

(議決権の代理行使)

第17条　株主又はその法定代理人は、当会社の議決権を有する株主又は親族を代理人として、議決権を行使することができる。ただし、この場合には、株主総会ごとに代理権を証する書面を提出しなければならない。

(株主総会議事録)

第18条　株主総会の議事については、法令に定める事項を記載した議事録を作成し、10年間当会社の本店に備え置くものとする。

4

## 定款のサンプル(5ページ目)

社長一人の会社なら「1名」にする

任期を「10年」にしておく

### 第4章　取締役

（取締役の員数）
第19条　当会社の取締役は、1名とする。

（資　格）
第20条　当会社の取締役は、当会社の株主の中から選任する。
②　前項の規定にかかわらず、議決権を行使することができる株主の議決権の過半数をもって、株主以外の者から選任することを妨げない。

（取締役の選任の方法）
第21条　当会社の取締役の選任は、株主総会において議決権を行使することができる株主の議決権の3分の1以上を有する株主が出席し、出席した当該株主の議決権の過半数をもって行う。

（取締役の任期）
第22条　取締役の任期は、選任後10年以内に終了する事業年度のうち最終のものに関する定時株主総会の終結の時までとする。

（社長及び代表取締役）
第23条　取締役は社長とし、当会社を代表する取締役として、会社の業務を統轄する。

（報酬等）
第24条　取締役の報酬、賞与その他の職務執行の対価として当会社から受ける財産上の利益は、株主総会の決議によって定める。

### 第5章　計　算

（事業年度）
第25条　当会社の事業年度は、毎年4月1日から翌年3月31日までとする。

（剰余金の配当及び除斥期間）
第26条　剰余金の配当は、毎事業年度末日現在における株主名簿に記載された株主又は登録株式質権者に対して行う。

5

事業年度（決算日）を決めておく

## 定款のサンプル(6ページ目)

絶対的記載事項

② 剰余金の配当は、支払開始の日から満3年を経過しても受領されないときは、当会社はその支払義務を免れるものとする。

### 第6章　附　則

(設立に際して出資される財産の最低額)
第27条　当会社の設立に際して出資される財産の最低額は、金100万円とする。

(最初の事業年度)
第28条　当会社の最初の事業年度は、当会社成立の日から令和○年3月31日までとする。

(発起人の氏名及び住所)
第29条　当会社の発起人の氏名及び住所は、次のとおりである。
住所　東京都台東区台東○丁目○番地○号
氏名　新星太郎

(定款に定めのない事項)
第30条　本定款に定めのない事項については、すべて会社法その他の法令の定めるところによる。

以上、株式会社シンセイを設立するため、本定款を作成し、発起人が次に記名押印する。

令和○年○月○日

発起人　住所　東京都台東区台東○丁目○番地○号
氏名　新星太郎

6

06

# 出資金の払込み 〜金銭の出資〜

定款を作成、認証したら、次は出資金の払込みです。発起人が出資することになりますが、ここでは現金でのケースを紹介します。

## 出資金の払込みがラクになった

新会社法の施行前は、出資金を払い込むには金融機関でさまざまな手続きが必要で、手間のかかるものでした。しかし、今では出資から保管までの流れを発起人が管理できることになり、より**スムーズな手続きが可能**となりました。

発起人一人が、金銭で出資する場合の具体的な流れは、次のようになります。

**①払い込む預金口座を決める**

まだ会社は成立していませんので、預金口座は発起人個人のものを使用します。使用する口座は出資金払込用に新たに開設しても、既存の口座を利用してもかまいません。

どちらを利用する場合でも、会社が成立して出資金を会社名義の口座に振り替えるときのことを考えると、会社成立後に**取引を継続することになる金融機関の口座にする**のが現実的です。

**②出資金を払い込む**

出資金の払込方法は簡素化されましたが、出資はあくまでも「払込み」しなければなりません。「預金に残高があるからＯＫ」とはならないのです。とくに、既存の口座を利用する場合には出資金に見あった金額をいったん引出し、**出資した名前がきちんと通帳に残る「振込み」**という方法により「払込み」を行ってください。単純に通帳に「預入れ」しただけでは、なんのための入金かわからないからです。

**③預金通帳のコピーをとる**

出資金の払込みがすんだら、その預金口座の通帳は払い込んだことの証明に使用します。表紙、表紙の裏、払込みの記載されているページの3枚をコピーしましょう。下図の「**払込みがあったことを証する書面**」と一緒にすれば、出資された証明書のできあがりです。

## ●個人事業主時代の資産の買取り

個人事業主時代から使用している資産（車やパソコン、机など）を引き継ぎたい場合は、この出資金を使って設立後に買い取ります。

もちろん、時価で買い取ることが必要です。時価とかけ離れた金額で取引すると、贈与税がかかるなどの問題が発生する可能性があります。また、買取りを行うと消費税の問題が発生することもありますので、注意が必要です（120ページ参照）。

### 出資金の払込みを証する書面のサンプル

払込みがあったことを証する書面

当会社の設立により発行する株式につき、次のとおり払込金額全額の払込みがあったことを証明します。

| | |
|---|---|
| 払込みがあった金額の総額 | 金100万円 |
| 払込みがあった株数 | 50株 |
| 1株の払込金額 | 金2万円 |

令和○年○月○日

（本　店）　東京都台東区台東○丁目○番地○号
（商　号）　株式会社シンセイ
（代表者）　設立時代表取締役　新星太郎

# 07 出資金の払込み ～現物出資～

発起人が出資する方法は、金銭での出資以外にもあります。それは固定資産などの「現物出資」という方法です。

## 金銭以外で出資するには

株式会社を設立するときは、原則として金銭による出資を行います（前項参照）。

例外として、発起人の「**現物出資**」による出資も認められています。

現物出資とは、動産や不動産、有価証券、債権など、**金銭以外の財産で行う出資のこと**です。

ここでポイントなのは、会社の財産、つまり会社の「貸借対照表」に計上できる資産であれば、現物出資の対象となりうることです。たとえば、１００坪の土地や鉄筋コンクリートのビルなどがこれに当たります。また、そんな大それた資産でなくても、今使用しているパソコンや車なども当てはまります。さらに、ホームページなど、形のない無形資産も含まれます。

これらを「**時価**」で計算したものが、現物出資の対象となるわけです。

個人事業主時代に築いてきた財産を、引続き会社で使用する場合の手法の１つが、現物出資という方法になるのです（もう１つは前項で紹介した「買取り」という方法）。

## 現物出資の規制が緩和された

現物出資は、文字どおり「現物」の財産を、会社の基礎である「出資」として取り扱います。しかし、金銭ではない「現物」というものであるため、金額に不確かな部分が出てきてしまいます。

そのため、現物出資をする場合には、いくつかの手続きが必要になります。

まず、**相対的記載事項として、定款にその旨を定める**必要があります。

また、原則として、現物出資した財産を裁判所が選任する「**検査役**」という人に調査してもらうことが必要です。

ただし、財産の総額が**500万円以下であれば、検査役の調査なし**に現物出資を行うことが可能です。

## 調査報告書などが必要に

現物出資がなされた場合、現物出資として定款に定めた金額が妥当であるかについて、取締役の調査が必要になります。

その証明書として、「**調査報告書**」という書類を別途作成する必要があります。

調査報告書に記載すべき事項は、

①現物出資する財産が、定款に定めた金額と相当であること
②発起人による出資の履行が完了していること
③会社の設立の手続きが法令・定款に違反していないこと

となります。

## 財産引継書なども作成

また、発起人が金銭以外の財産を出資するとき、その意思表示のために「**財産引継書**」を作成することが必要となります。財産引継書は、前述の調査報告書とともに付属書類として登記所へ提出しなければなりません。

財産引継書には、何を、いくらの財産として現物

出資したかを記載します。また、この財産を会社へ現物出資することを、あわせてここで表示します。

さらに、**「資本金の額が法令に従って計上されたことを証する書面」**（資本金の額を証する書面）という書類も必要となります。

これは設立時にかかる費用を控除するための書類です。本来なら、金銭による出資でも必要なものです。しかし現在は、金銭だけで出資した場合、この書類の添付は必要なくなっています。

## 調査報告書のサンプル

「（設立中）」と記載

### 調査報告書

令和○年○月○日株式会社シンセイ（設立中）の取締役に選任されたので、会社法第46条の規定に基づいて調査をした。その結果は次のとおりである。

調査事項

1　定款に記載された現物出資財産の価額に関する事項（会社法第33条第10項第1号及び第2号に該当する事項）

定款に定めた、現物出資をする者は発起人新星太郎であり、出資の目的たる財産、その価額、並びにこれに対し割り当てる設立時発行株式の種類及び数は次のとおりである。

デスクトップパソコン

| | |
|---|---|
| 定款に記載された価額 | 金○○円 |
| これに対し割り当てる設立時発行株式 | 普通株式○○株 |

上記については、時価金○○円と見積もられるべきところ、定款に記載した評価価額はその4分の3の金○○円であり、これに対し割り当てる設立時発行株式の数は○○株であることから、当該定款の定めは正当なものと認める。

2　発起人新星太郎の引受けにかかる○○株について、令和○年○月○日現物出資の目的たる財産の給付があったことは、別紙財産引継書により認める。

3　令和○年○月○日までに払込みが完了していることは発起人新星太郎名義の普通預金口座（○○銀行○○支店　口座番号○○○○）の記載により認める。

4　上記事項以外の設立に関する手続きが法令または定款に違反していないことを認める。

上記のとおり会社法の規定に従い報告する。

令和○年○月○日

株式会社シンセイ
設立時取締役　新星太郎

## 財産引継書と資本金の額を証する書面のサンプル

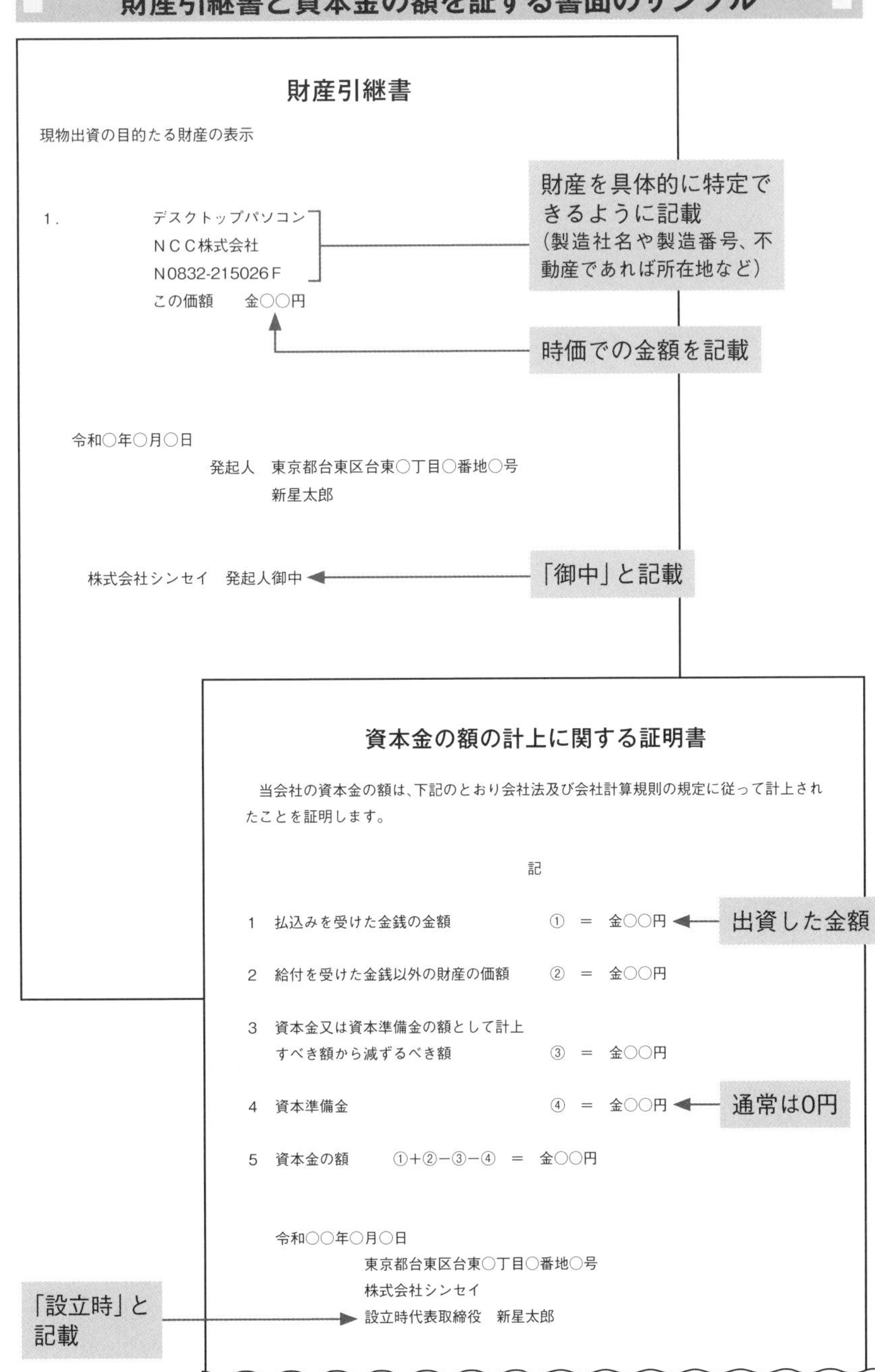

財産引継書

現物出資の目的たる財産の表示

1.　デスクトップパソコン
NCC株式会社
N0832-215026F
この価額　金○○円

令和○年○月○日
発起人　東京都台東区台東○丁目○番地○号
新星太郎

株式会社シンセイ　発起人御中

資本金の額の計上に関する証明書

当会社の資本金の額は、下記のとおり会社法及び会社計算規則の規定に従って計上されたことを証明します。

記

1　払込みを受けた金銭の金額　①　=　金○○円
2　給付を受けた金銭以外の財産の価額　②　=　金○○円
3　資本金又は資本準備金の額として計上すべき額から減ずるべき額　③　=　金○○円
4　資本準備金　④　=　金○○円
5　資本金の額　①+②−③−④　=　金○○円

令和○○年○月○日
東京都台東区台東○丁目○番地○号
株式会社シンセイ
設立時代表取締役　新星太郎

財産を具体的に特定できるように記載
(製造社名や製造番号、不動産であれば所在地など)
時価での金額を記載
「御中」と記載
出資した金額
通常は0円
「設立時」と記載

08

# 設立登記を申請する

定款の認証と出資金の払込みが終われば、いよいよ登記所へ設立登記を申請します。このとき、さまざまな書類が必要となります。

## 登記に必要な書類を作る

定款の認証を受け、出資金の払込みがすんだら、いよいよ登記所へ提出する書類の作成です。

株式会社を一人だけで作って法人成りするケースを例に、どういった書類が必要なのかを見ていきましょう。発起人一人、取締役一人で発起設立する場合の会社の設立登記に必要な書類のうち、「設立登記申請書」に添付する一般的なものは次のとおりです。

**①定款**（１４４ページ参照）
**②払込みがあったことを証する書面**（１５１ページ参照）
**③発起人決定書**（１５８ページ参照）
**④設立時取締役の就任承諾書**（１５８ページ参照）
**⑤（設立時の取締役の）印鑑証明書**
**⑥「登記すべき事項」が書かれたテキストデータ入りの磁気ディスク**（１５９ページ参照）

※現物出資がある場合は「調査報告書」「財産引継書」「資本金の額の計上に関する証明書」（１５４、１５５ページ参照）も添付

会社の代表印も、同時に法務局へ印鑑登録しましょう。そのため、「**印鑑届書**」と、印鑑登録した後に発行してもらえる印鑑カードを申請する「**印鑑カード交付申請書**」も作っておきましょう。

## 設立登記申請書のサンプル

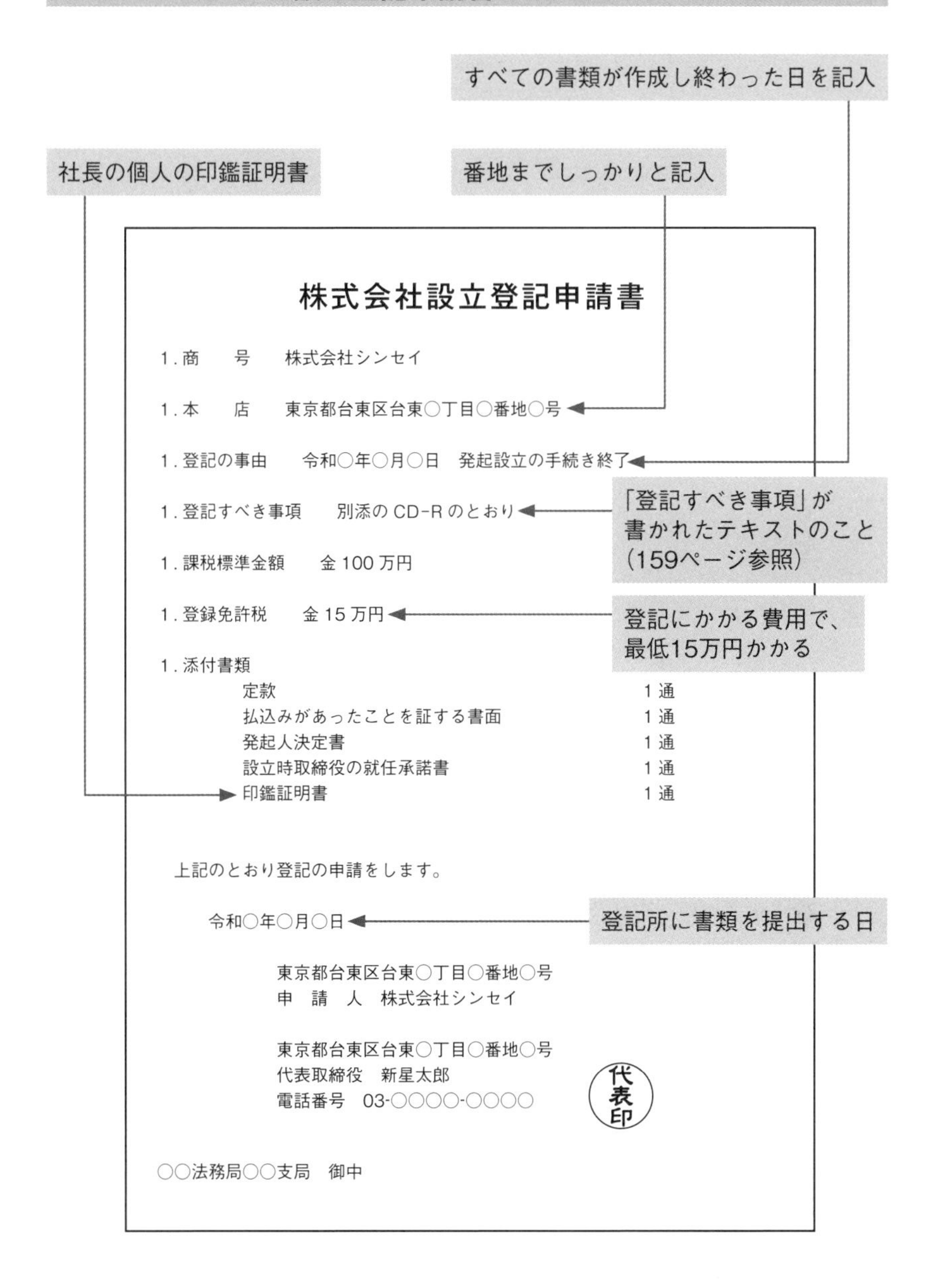

すべての書類が作成し終わった日を記入
社長の個人の印鑑証明書
番地までしっかりと記入
株式会社設立登記申請書
1.商　　号　　株式会社シンセイ
1.本　　店　　東京都台東区台東○丁目○番地○号
1.登記の事由　　令和○年○月○日　発起設立の手続き終了
1.登記すべき事項　　別添のCD-Rのとおり
「登記すべき事項」が書かれたテキストのこと（159ページ参照）
1.課税標準金額　　金100万円
1.登録免許税　　金15万円
登記にかかる費用で、最低15万円かかる
1.添付書類
定款　1通
払込みがあったことを証する書面　1通
発起人決定書　1通
設立時取締役の就任承諾書　1通
印鑑証明書　1通
上記のとおり登記の申請をします。
令和○年○月○日
登記所に書類を提出する日
東京都台東区台東○丁目○番地○号
申　請　人　株式会社シンセイ
東京都台東区台東○丁目○番地○号
代表取締役　新星太郎
電話番号　03-○○○○-○○○○
代表印
○○法務局○○支局　御中


※現物出資がある場合は「調査報告書」「財産引継書」「資本金の額の計上に関する証明書」も添付書類となる

## 発起人決定書と設立時取締役の就任承諾書のサンプル

### 発起人決定書

令和○年○月○日、東京都台東区台東○丁目○番地○号、当会社の創立事務所において、発起人 新星太郎は、下記の事項を決定した。

記

1．発起人が割当てを受ける設立時発行株式の数及びその払込金額を次のとおりとする。
　新星太郎　普通株式　50株　金100万円

1．設立に際して出資される財産の全額を資本金とし、その額を金100万円とする。

1．設立時取締役を次のとおりとする。
　設立時取締役　新星太郎

1．本店の所在場所を次のとおりとする。
　本店　東京都台東区台東○丁目○番地○号

以上の決定事項を明確にするため、本決定書を作成し、発起人が次に記名押印する。

令和○年○月○日

株式会社シンセイ
発起人　新星太郎

### 設立時取締役の就任承諾書

「貴社」と書く

私は、令和○年○月○日貴社創立事務所において、発起人の決定により設立時取締役に選任されましたので、その就任を承諾します。

令和○年○月○日

住　所　東京都台東区台東○丁目○番地○号
氏　名　新星太郎

「御中」と記載

株式会社シンセイ　御中

## 「登記すべき事項」のサンプル

登記すべき事項である、商号、本店の所在地、目的、資本金の額などを入力したテキストデータを作成し、CD-ROMなどに記録して提出

「商号」株式会社シンセイ
「本店」東京都台東区台東○丁目○番地○号
「公告をする方法」官報に掲載して行う。
「目的」
1　書籍の編集、販売
2　雑誌の編集、販売
3　インターネットにおける情報等の収集、リサーチ
4　インターネットにおける情報等の販売
5　前各号に附帯する一切の事業
「発行可能株式総数」５００株
「発行済株式の総数」５０株
「資本金の額」金１００万円
「株式の譲渡制限に関する規定」
当会社の株式を譲渡により取得するには、株主総会の承認を要する。
「役員に関する事項」
「資格」取締役
「氏名」新星太郎
「役員に関する事項」
「資格」代表取締役
「住所」東京都台東区台東○丁目○番地○号
「氏名」新星太郎
「登記記録に関する事項」設立

## 印鑑届書の記載例

### 印鑑（改印）届書

※ 太枠の中に書いてください。

（地方）法務局　○○　支局・出張所　　○年 ○月 ○日　届出

（注１）（届出印は鮮明に押印してください。）

代表印

| | | |
|---|---|---|
| 商号・名称 | | 株式会社シンセイ |
| 本店・主たる事務所 | | 東京都台東区台東○丁目○番地○号 |
| 印鑑提出者 | 資格 | 代表取締役・（取締役）・代表理事<br>理事・（　　　　　） |
| | 氏名 | 新星太郎 |
| | 生年月日 | 大・（昭）・平・西暦　○年 ○月 ○日生 |
| 会社法人等番号 | | |

（注２）
□ 印鑑カードは引き継がない。
□ 印鑑カードを引き継ぐ。
印鑑カード番号
前任者

届出人（注３）　☑ 印鑑提出者本人　□ 代理人

| | |
|---|---|
| 住所 | 東京都台東区台東○丁目○番地○号 |
| フリガナ | シンセイ タロウ |
| 氏名 | 新星太郎 |

（注３）の印
（市区町村に登録した印）
※ 代理人は押印不要

個人の実印

委任状

私は，（住所）

（氏名）

を代理人と定め，□印鑑（改印）の届出，□添付書面の原本還付請求及び受領の権限を委任します。

年　月　日

住所

氏名　　印　（注３）の印〔市区町村に登録した印鑑〕

□ 市区町村長作成の印鑑証明書は，登記申請書に添付のものを援用する。（注４）

（注１）　印鑑の大きさは，辺の長さが１cmを超え，３cm以内の正方形の中に収まるものでなければなりません。

（注２）　印鑑カードを前任者から引き継ぐことができます。該当する□にレ印をつけ，カードを引き継いだ場合には，その印鑑カードの番号・前任者の氏名を記載してください。

（注３）　本人が届け出るときは，本人の住所・氏名を記載し，**市区町村に登録済みの印鑑**を押印してください。代理人が届け出るときは，代理人の住所・氏名を記載（押印不要）し，委任状に所要事項を記載し（該当する□にはレ印をつける），本人が**市区町村に登録済みの印鑑**を押印してください。なお，本人の住所・氏名が登記簿上の代表者の住所・氏名と一致しない場合には，代表者の住所又は氏名の変更の登記をする必要があります。

（注４）　この届書には作成後３か月以内の**本人の印鑑証明書**を添付してください。登記申請書に添付した印鑑証明書を援用する場合（登記の申請と同時に印鑑を届け出た場合に限る。）は，□にレ印をつけてください。

| 印鑑処理年月日 | | | | |
|---|---|---|---|---|
| 印鑑処理番号 | 受付 | 調査 | 入力 | 校合 |
| | | | | |

（乙号・８）

## 印鑑カード交付申請書の記載例

印鑑カード交付申請書

※ 太枠の中に書いてください。

（地方）法務局 ○○ 支局・出張所　　○年○月○日 申請　照合印

| （注1）登記所に提出した印鑑の押印欄 | 商号・名称 | | 株式会社シンセイ |
|---|---|---|---|
| 代表印 | 本店・主たる事務所 | | 東京都台東区台東○丁目○番地○号 |
| | 印鑑提出者 | 資格 | 代表取締役・（取締役）・代表社員・代表理事・理事・支配人（　） |
| | | 氏名 | 新星太郎 |
| （印鑑は鮮明に押印してください。） | | 生年月日 | 大・（昭）・平・西暦 ○年○月○日生 |
| | 会社法人等番号 | | |

申請人（注2）☑ 印鑑提出者本人　□ 代理人

| 住所 | 東京都台東区台東○丁目○番地○号 | 連絡先 | □勤務先 （□自宅） □携帯番号 |
|---|---|---|---|
| フリガナ | シンセイ　タロウ | | 電話番号 03-○○○○-○○○○ |
| 氏名 | 新星太郎 | | |

委　任　状

私は，(住所)

(氏名)

を代理人と定め，印鑑カードの交付申請及び受領の権限を委任します。

年　月　日

住　所

氏　名　　　　　　　　　　　　印（登記所に提出した印鑑）

（注1）　押印欄には，登記所に提出した印鑑を押印してください。
（注2）　該当する□にレ印をつけてください。代理人の場合は，代理人の住所・氏名を記載してください。その場合は，委任状に所要事項を記載し，登記所に提出した印鑑を押印してください。

| 交付年月日 | 印鑑カード番号 | 担当者印 | 受領印又は署名 |
|---|---|---|---|
| | | | 代表印 |

（乙号・9）

# 09 法人設立後のさまざまな手続き

会社の登記が終わっても、ほっとしている暇はありません。税金関係や社会保険関係など、さまざまな手続きが必要となります。

## 税務署への手続きが必要

会社を設立して事業を開始した場合、法人税などの税金の申告や納付の義務が発生します。

初めに、管轄の税務署へ会社を設立した旨の届け出をしなければなりません。また、税務署以外にもさまざまな書類を、さまざまところへ提出します。提出期限や添付書類が決まっていますので、事前に確認しておきましょう。

## 税務署へ提出するさまざまな書類

会社を設立してすぐに、納税地（会社の本店）を管轄する税務署へ提出する書類には、「法人設立届出書」「青色申告の承認申請書」「給与支払事務所等の開設届出書」「棚卸資産の評価方法の届出書」などがあります。

**法人設立届出書と給与支払事務所等の開設届出書**は、かならず提出しなければなりません。それ以外の書類は、必要に応じて提出します。

すべて重要な届出書ですが、とくに注意しておきたい書類は、税務上のさまざまな特典が得られる**青色申告の承認申請書**です。

法人成りした場合、個人事業を廃止する手続きも必要となります。それには、「**個人事業の開業・廃業等届出書**」を税務署に提出します。

## 税務署以外の税金の手続きも忘れずに

会社を設立して納める税金は、国税のほか、各自治体に納める地方税（住民税）があります。

地方税には、都道府県と市町村に納付するものがあり、国に納める法人税・消費税と同じタイミングで申告が必要になります。会社を設立したら、税務署と同様、都道府県税事務所と市町村役場に、「**法人設立届出書**」（税務署に届け出た書類と同じもの）を提出します。

また、個人事業を廃止した届け出も必要です。「**事業開始（廃止）等申告書（個人事業税）**」を都道府県税事務所に提出します。市町村役場にも廃止した旨を届け出ます。

## 社会保険の加入手続きは必須

これまで何度も説明していますが、会社を設立すると、同時に**社会保険へ加入する義務が発生**します。たとえ、社長たった一人の会社でも、かならず社会保険に加入しなければなりません。

もちろん、個人事業主時代に加入する義務がなかった、従業員が5人未満のところも、会社になると社会保険に加入する義務が発生します。

加入手続きは、管轄の年金事務所で行います。

## 従業員を雇ったら労働保険へ加入

社会保険のほかに忘れてはならないのが、**労働保険（労災保険と雇用保険）の手続き**です。

労働保険は、従業員がいなければ加入する義務はありません。労働保険は、従業員の就業環境を補償するための制度なので、経営者側の役員は原則加入することができない制度です。つまり、**社長一人だけの会社は入らなくてもいい**ことになっています。

しかし、**従業員を一人以上雇えば、労災保険と雇用保険にはかならず加入**しなければなりません。ただし、雇用保険は、1週間のうち平均20時間以上勤務していて、半年以上継続して雇用する見込みのある従業員に対しては加入義務がありますが、それより少なく働く人には加入資格がありません。

労災保険に加入するための手続きは、最寄りの労働基準監督署で行います。もし、業務中の事故が起きる前に加入していなければ、事故の補償でかかる費用は全額会社負担となってしまいます。大げさにいえば、何千万円といった補償が必要なケースもあります。大変なリスクをともないますので、忘れずに加入してください。

雇用保険は、最寄りのハローワーク（公共職業安定所）で加入の手続きを行います。

## ●許認可の手続きも忘れずに

飲食業を営業している場合や古着屋さんを営んでいる場合などは、許認可を受けているはずです。個人と会社はまったく別人格ですから、法人成りした場合、多くの許認可は「新規」扱いになり、申請し直さなければなりません。

### 法人設立後の手続き一覧

**国税（税務署）**
（→P.166）
国税関係の書類を
税務署に提出

**地方税**
（→P.166）
地方税関係の書類を都道府県
税事務所や市区町村役場に提出

**個人事業の廃止**
（→P.176）
税務署や
都道府県税事務所などで手続き

**社会保険**
（→P.182）
社長一人の会社でも
かならず年金事務所で加入手続き

**労働保険**
（→P.190）
一人でも雇ったら、労働基準監督署や
ハローワークでかならず加入手続き

**許認可**
（→P.198）
個人事業主時代に受けていた
許認可の確認・申請

Column

## 商工会議所に加入しよう

会社設立は、人脈や商圏を広げるチャンスです。「このたび、会社を設立しまして……」なんて、自己紹介しやすいですよね。

もしも、あなたの商売が地域密着型であれば、商工会議所への加入を検討してみてはいかがでしょうか。商売には、利益の追求だけではなく、社会や地域への貢献という側面もあることを自覚しましょう。

たとえば、商工会議所の40歳未満の若手経営者や、次期跡取りなどが集まる「青年部」では、中小企業という同じ境遇で、同じ悩みを持った友人を作ることができ、その友人の輪がビジネスチャンスをもたらしてくれることも多くあります。

経営者の集まりですから、経営に必要なさまざまな情報も入手しやすくなっています。

たとえば、マーケティングやセールスといった商売で大切なことをテーマとしたセミナーはもちろん、税金や労務管理といったテーマの勉強会もたくさん開かれています。

交流会もひんぱんに開かれていますので、取引先が増えたり、提携して事業を大きくしたりなど、さまざまなメリットが得られるでしょう。

法人成りを機に、新しい名刺を持って、たくさんのビジネスの輪を積極的に広げてくださいね。

- **日本商工会議所**
  https://www.jcci.or.jp/

- **日本商工会議所青年部**
  http://yeg.jp/

# 10 税務署に納税関係の届け出をする

もっとも期限を守るべき提出書類は、税務署への申請書類です。期限後に申請しても、取りあってくれませんから要注意です。

## 税務署へ提出するさまざまな書類

前項でも説明しましたが、税務署などに提出する書類には、次のようなものがあります。

①法人設立届出書
②青色申告の承認申請書
③給与支払事務所等の開設届出書
④棚卸資産の評価方法の届出書
⑤消費税関係の届出書

## 法人設立届出書はかならず提出

法人を設立したら、まずは税務署に「法人設立届出書」を提出しなければなりません。提出期限は、法人成りした日（会社設立の日）から**2カ月以内**です。提出するときは、次の書類をかならず添付します。

・定款のコピー
・登記事項証明書（履歴事項全部証明書）

また、必要に応じて、次の書類の添付を求められる場合もあります。

・株主の名簿
・現物出資者名簿

- 設立趣意書
- 設立時の貸借対照表
- 合併契約書のコピー
- 分割計画書のコピー

**法人設立届出書は、地方自治体にも提出が必要**です。提出する用紙はまったく同じものですから、都道府県税事務所用と市町村役場用の2つを作成し、それぞれ届け出ます。

期限は自治体によって異なりますが、設立日から**2週間～1カ月以内**のところがほとんどです。ただし、東京都の場合、区役所への提出は不要です。都税事務所に提出することが区役所へ届け出ることを兼ねているからです。また、

## 法人設立届出書の記載例

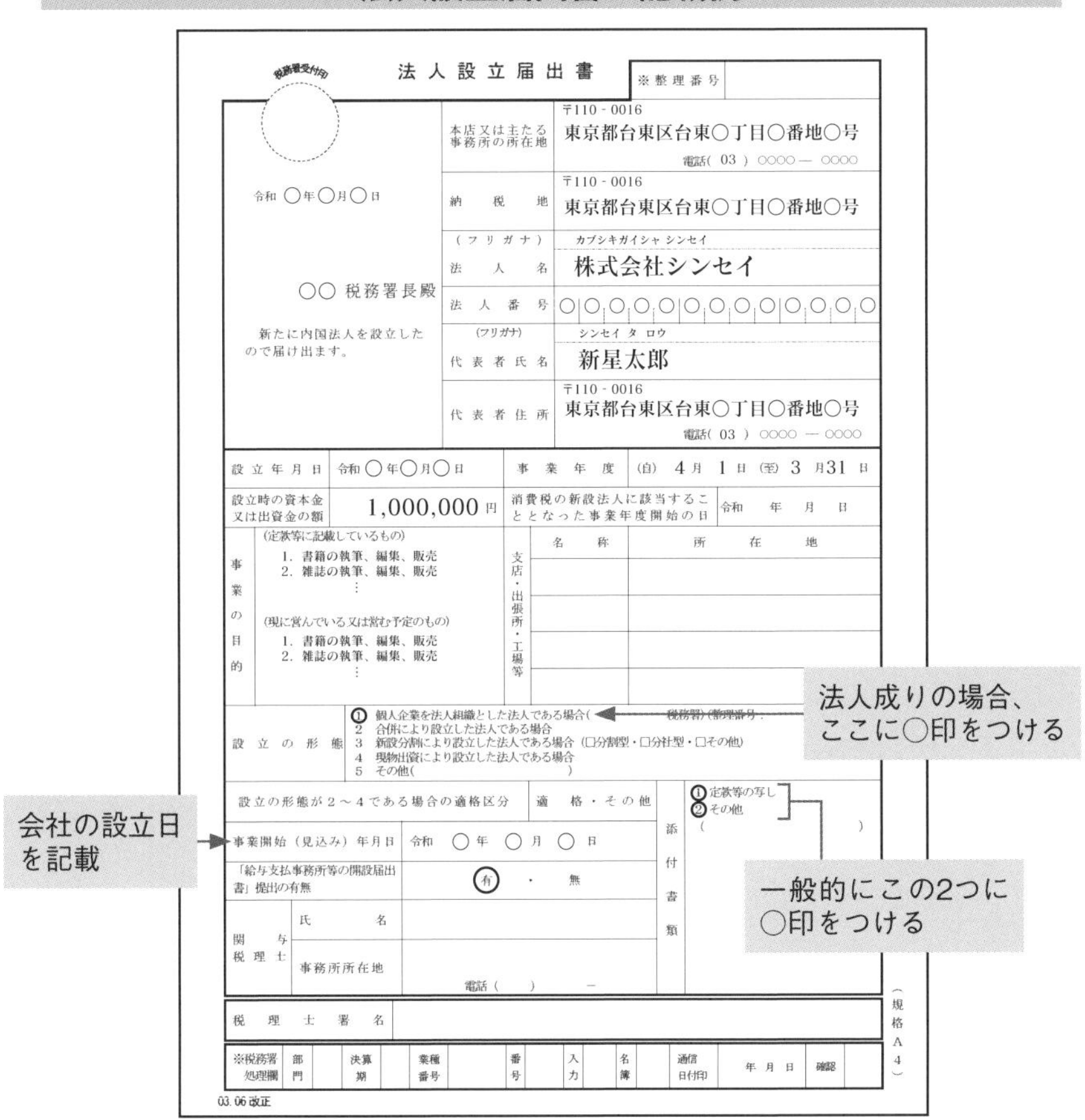

法人設立届出書

※整理番号

税務署受付印

令和 ○年○月○日

○○ 税務署長殿

新たに内国法人を設立したので届け出ます。

| | |
|---|---|
| 本店又は主たる事務所の所在地 | 〒110 - 0016 東京都台東区台東○丁目○番地○号 電話( 03 ) ○○○○ — ○○○○ |
| 納税地 | 〒110 - 0016 東京都台東区台東○丁目○番地○号 |
| (フリガナ) | カブシキガイシャ シンセイ |
| 法人名 | 株式会社シンセイ |
| 法人番号 | ○○○○○○○○○○○○○ |
| (フリガナ) | シンセイ タ ロウ |
| 代表者氏名 | 新星太郎 |
| 代表者住所 | 〒110 - 0016 東京都台東区台東○丁目○番地○号 電話( 03 ) ○○○○ — ○○○○ |

| 設立年月日 | 令和 ○年○月○日 | 事業年度 | (自) 4月 1日 (至) 3月31日 |
|---|---|---|---|
| 設立時の資本金又は出資金の額 | 1,000,000円 | 消費税の新設法人に該当することとなった事業年度開始の日 | 令和 年 月 日 |

事業の目的

(定款等に記載しているもの)
1. 書籍の執筆、編集、販売
2. 雑誌の執筆、編集、販売
⋮

(現に営んでいる又は営む予定のもの)
1. 書籍の執筆、編集、販売
2. 雑誌の執筆、編集、販売
⋮

| 支店・出張所・工場等 | 名称 | 所在地 |
|---|---|---|
| | | |

設立の形態
① 個人企業を法人組織とした法人である場合( 税務署)(整理番号 )
2 合併により設立した法人である場合
3 新設分割により設立した法人である場合 (□分割型・□分社型・□その他)
4 現物出資により設立した法人である場合
5 その他( )

| 設立の形態が2～4である場合の適格区分 | 適格・その他 |
|---|---|
| 事業開始(見込み)年月日 | 令和 ○年 ○月 ○日 |
| 「給与支払事務所等の開設届出書」提出の有無 | (有)・無 |
| 関与税理士 氏名 | |
| 関与税理士 事務所所在地 | 電話( ) — |

添付書類
① 定款等の写し
② その他
( )

税理士署名

| ※税務署処理欄 | 部門 | | 決算期 | | 業種番号 | | 番号 | | 入力 | | 名簿 | | 通信日付印 | 年月日 | 確認 | |
|---|---|---|---|---|---|---|---|---|---|---|---|---|---|---|---|---|

03.06改正

(規格A4)

提出期限も15日以内と厳しくなっていますので、忘れずに注意しましょう。

添付書類は、事業の内容や自治体によって、多少異なりますので、事前に確認しましょう。

## ●青色申告の承認申請書を提出して特典を得る

法人税の申告には、「青色申告」と「白色申告」というものがあります。

個人の確定申告と同じで、青色申告にはさまざまな特典が用意されています。

たとえば、当年度の赤字を9年間、繰越控除できたり、当年度の赤字を前年度の黒字と相殺して繰戻還付できます（26ページ参照）。

また、減価償却資産を通常よりも特別償却・割増償却できたり、研究開発費などの特別税額控除が適用できたりもします。

青色申告を選択すると、こういったさまざまな優遇措置が受けられるのです。

法人税の申告を青色申告で行うには、「**青色申告の承認申請書**」を税務署に提出します。

青色申告の承認申請書を提出し、青色申告で申告することが認められるためには、日々の取引のすべてを複式簿記にもとづく記帳をして、その記帳にそって適正な申告をしなければなりません。また、その帳簿類は最低7年間保存することが義務づけられています。

設立第1期目から青色申告の承認を受けて申告書を提出しようとする場合、青色申告の承認申請書の提出期限は、**設立の日以後3カ月を経過した日と、設立第1期の事業年度終了の日の、いずれか早い日の前日まで**となっています。

## ●源泉徴収とは？

会社から社長一人に対してでも給料を支払うことになったら、その給料に対する所得税を差し引いてから支給します。

所得税は、いったん会社が預り、従業員（社長の分を含む）に代わって会社が国へ納付しなければなりません。これを、「**源泉徴収**」といいます。

源泉徴収は、フリーランスの方にとっては、なじみが深いでしょう。多くのフリーランスの方は、源泉徴収分を差し引かれた額の報酬を受け取っていたはずです。

それ以外の個人事業主にとっては、売上から税金を引かれることはまったくなかったはずですから、慣れていない方も多いでしょう。

いざ会社を作れば、社長たる経営者であっても、会社という別人格から役員報酬をもらう「給与所得者」になります。そのため、こ

## 青色申告の承認申請書の記載例

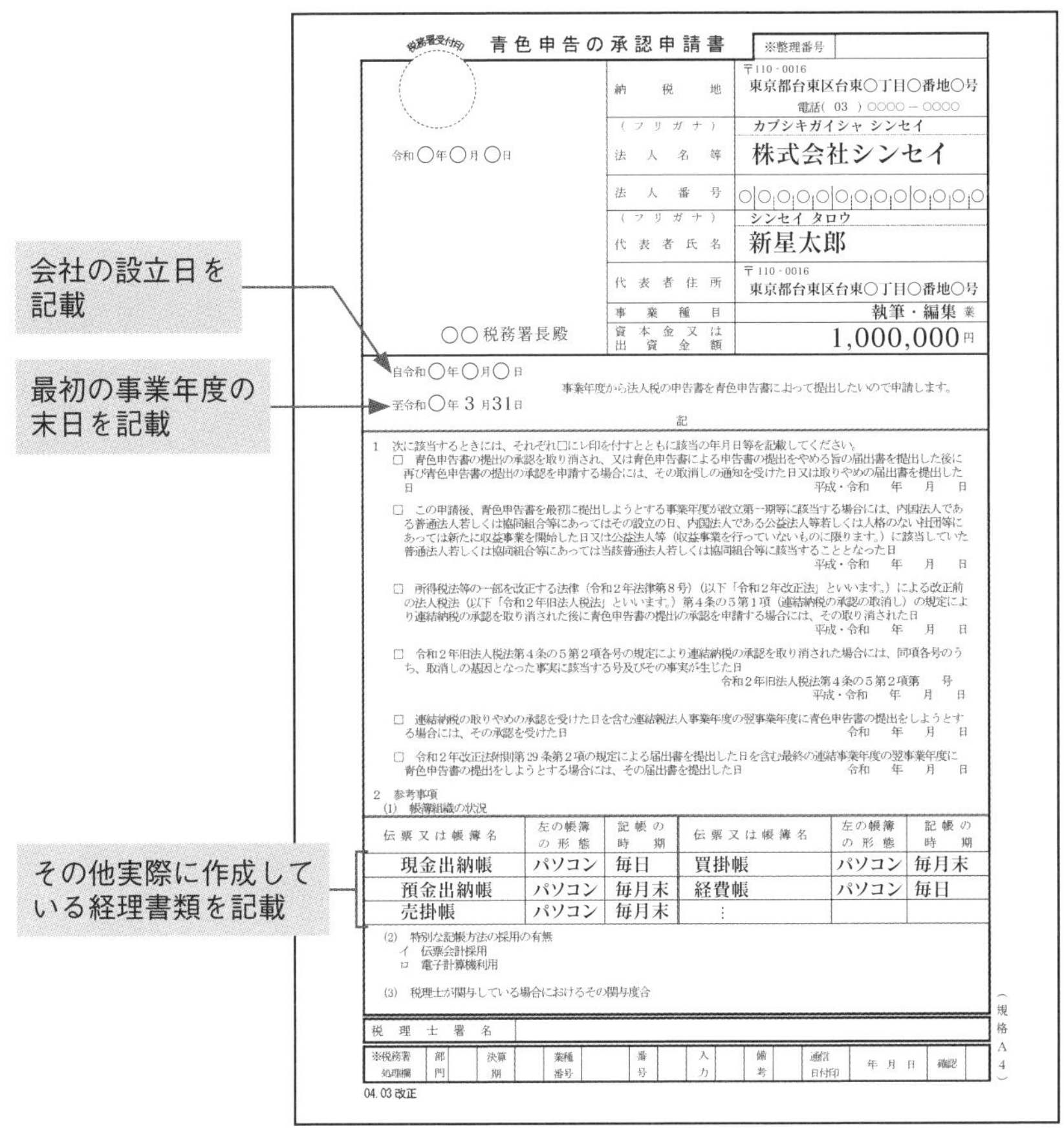


税務署受付印

青色申告の承認申請書

※整理番号

令和〇年〇月〇日

〇〇税務署長殿

| | |
|---|---|
| 納税地 | 〒110-0016<br>東京都台東区台東〇丁目〇番地〇号<br>電話（03）〇〇〇〇－〇〇〇〇 |
| （フリガナ） | カブシキガイシャ シンセイ |
| 法人名等 | 株式会社シンセイ |
| 法人番号 | 〇〇〇〇〇〇〇〇〇〇〇〇〇 |
| （フリガナ） | シンセイ タロウ |
| 代表者氏名 | 新星太郎 |
| 代表者住所 | 〒110-0016<br>東京都台東区台東〇丁目〇番地〇号 |
| 事業種目 | 執筆・編集 業 |
| 資本金又は出資金額 | 1,000,000円 |

自令和〇年〇月〇日
至令和〇年3月31日
事業年度から法人税の申告書を青色申告書によって提出したいので申請します。

記

1 次に該当するときには、それぞれ□にレ印を付すとともに該当の年月日等を記載してください。

□ 青色申告書の提出の承認を取り消され、又は青色申告書による申告書の提出をやめる旨の届出書を提出した後に再び青色申告書の提出の承認を申請する場合には、その取消しの通知を受けた日又は取りやめの届出書を提出した日　平成・令和　年　月　日

□ この申請後、青色申告書を最初に提出しようとする事業年度が設立第一期等に該当する場合には、内国法人である普通法人若しくは協同組合等にあってはその設立の日、内国法人である公益法人等若しくは人格のない社団等にあっては新たに収益事業を開始した日又は公益法人等（収益事業を行っていないものに限ります。）に該当していた普通法人若しくは協同組合等にあっては当該普通法人若しくは協同組合等に該当することとなった日　平成・令和　年　月　日

□ 所得税法等の一部を改正する法律（令和2年法律第8号）（以下「令和2年改正法」といいます。）による改正前の法人税法（以下「令和2年旧法人税法」といいます。）第4条の5第1項（連結納税の承認の取消し）の規定により連結納税の承認を取り消された後に青色申告書の提出の承認を申請する場合には、その取り消された日　平成・令和　年　月　日

□ 令和2年旧法人税法第4条の5第2項各号の規定により連結納税の承認を取り消された場合には、同項各号のうち、取消しの基因となった事実に該当する号及びその事実が生じた日　令和2年旧法人税法第4条の5第2項第　号　平成・令和　年　月　日

□ 連結納税の取りやめの承認を受けた日を含む連結親法人事業年度の翌事業年度に青色申告書の提出をしようとする場合には、その承認を受けた日　令和　年　月　日

□ 令和2年改正法附則第29条第2項の規定による届出書を提出した日を含む最終の連結事業年度の翌事業年度に青色申告書の提出をしようとする場合には、その届出書を提出した日　令和　年　月　日

2 参考事項
(1) 帳簿組織の状況

| 伝票又は帳簿名 | 左の帳簿の形態 | 記帳の時期 | 伝票又は帳簿名 | 左の帳簿の形態 | 記帳の時期 |
|---|---|---|---|---|---|
| 現金出納帳 | パソコン | 毎日 | 買掛帳 | パソコン | 毎月末 |
| 預金出納帳 | パソコン | 毎月末 | 経費帳 | パソコン | 毎日 |
| 売掛帳 | パソコン | 毎月末 | ： | | |

(2) 特別な記帳方法の採用の有無
イ 伝票会計採用
ロ 電子計算機利用

(3) 税理士が関与している場合におけるその関与度合

税理士署名

| ※税務署処理欄 | 部門 | 決算期 | 業種番号 | 番号 | 入力 | 備考 | 通信日付印 | 年月日 | 確認 |
|---|---|---|---|---|---|---|---|---|---|
| | | | | | | | | | |

04.03改正

（規格A4）

の手続きが必要となるわけです。

源泉徴収は大切なことですから忘れてはなりません。もしも源泉徴収すべき所得税の納付を怠ると、「**不納付加算税**」という5%~10%もの罰金が発生します。さらに、「**延滞税**」として約3%~約10%程度の利息もかかってしまいます。

**忘れただけでかかる罰金**ですから、かならず頭に入れておきましょう。

源泉徴収は給料のほかに、税理士や弁護士などへ報酬を支払うときにも徴収義務があります。また、フリーランスのカメラマンやデザイナーなどへ報酬を支払うときにも源泉徴収は必要です。

## ●源泉所得税関係の届出書も忘れずに

源泉所得税に関する書類として、「**給与支払事務所等の開設届出書**」があります。

この書類は**最初の給料支払後1カ月以内**に提出することになっています。

また、源泉徴収を行うことにより預った所得税は、原則、給与などを支払った月の**翌月10日まで**に納めなければなりません。

しかし、従業員の数が常時10人未満の小規模の会社については、「**源泉所得税の納期の特例の承認に関する申請書**」を提出して承認を受ければ、年2回の納付ですませることができます。

つまり、1~6月までの分を7月10日までに、7~12月までの分を翌年1月20日までに納付すればよいことになります。

ただし、この特例を申請した場合、6カ月分の源泉所得税をまとめて納付することになります。つまり、納める税金が多額となりますので、資金繰りに影響を及ぼす可能性があります。

もちろん、納付が遅れたら、不納付加算税と延滞税が発生しますから要注意です。

## 源泉所得税関係の書類の記載例

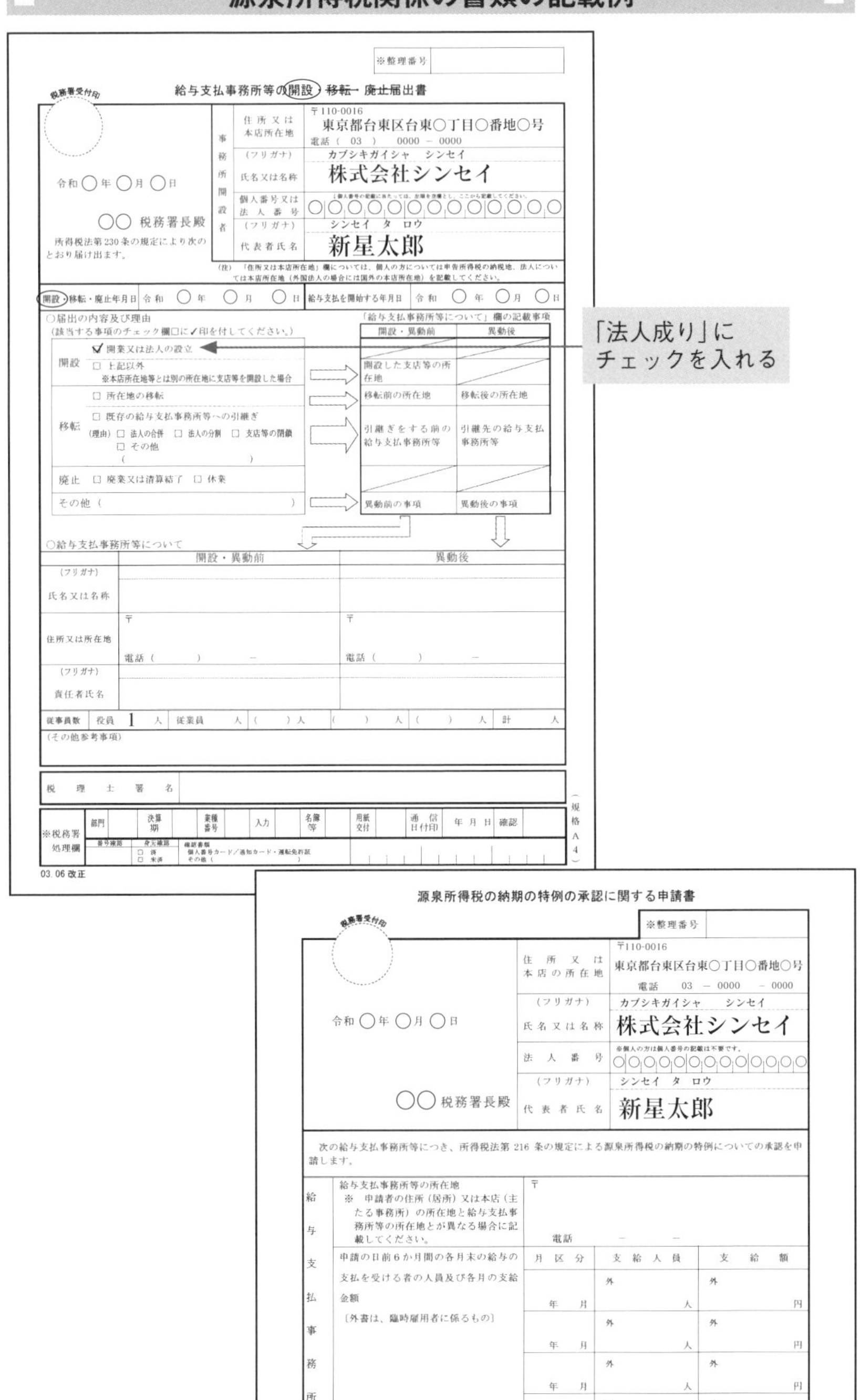

給与支払事務所等の開設・移転・廃止届出書

| | |
|---|---|
| 住所又は本店所在地 | 〒110-0016 東京都台東区台東○丁目○番地○号 電話（03）0000－0000 |
| （フリガナ） | カブシキガイシャ　シンセイ |
| 氏名又は名称 | 株式会社シンセイ |
| 個人番号又は法人番号 | ○○○○○○○○○○○○○ |
| （フリガナ） | シンセイ　タ　ロウ |
| 代表者氏名 | 新星太郎 |

令和○年○月○日

○○　税務署長殿

所得税法第230条の規定により次のとおり届け出ます。

開設・移転・廃止年月日　令和　○年　○月　○日

○届出の内容及び理由

開設　☑ 開業又は法人の設立



従事員数　役員　1人

源泉所得税の納期の特例の承認に関する申請書

| | |
|---|---|
| 住所又は本店の所在地 | 〒110-0016 東京都台東区台東○丁目○番地○号 電話 03－0000－0000 |
| （フリガナ） | カブシキガイシャ　シンセイ |
| 氏名又は名称 | 株式会社シンセイ |
| 法人番号 | ○○○○○○○○○○○○○ |
| （フリガナ） | シンセイ　タ　ロウ |
| 代表者氏名 | 新星太郎 |

令和○年○月○日

○○税務署長殿

次の給与支払事務所等につき、所得税法第216条の規定による源泉所得税の納期の特例についての承認を申請します。

## ●棚卸資産の評価方法の変更届出書

「**棚卸資産**」とは、期末に売れ残ってしまった商品や未使用の原材料、完成せずに製造途中の仕掛物、工事途中の現場コストなどをいいます。また、これらの資産自体を指すこともあります。

個人事業主として店舗などを行っている方には、なじみのあるものでしょう。

決算のときには、棚卸資産の金額を算出することが必要です。その計算方法は、棚卸資産の期末時の在庫数に、一定の評価方法によって決めた単価を掛けます。この棚卸資産の評価方法は、通常、法定の評価方法である「**最終仕入原価法**」を使います。これは決算日の直近（年度末の最後）に仕入れた金額を原価として評価するやり方です。

個人事業主時代と同じく、棚卸資産の評価方法は選ぶことができます。最終仕入原価法以外を選びたい場合は、「**棚卸資産の評価方法の届出書**」を提出することで変更できます。棚卸しの評価次第によっ

### 棚卸資産の評価方法

| 評価方法 | 内容 |
| --- | --- |
| 最終仕入原価法 | 事業年度の最後に仕入れた棚卸資産の単価を使う方法 |
| 個別法 | 期中に仕入れた全部の棚卸資産の仕入と販売を管理し、実際の仕入単価で評価する方法 |
| 先入先出法（さきいれさきだしほう） | 先に仕入れたものから順に、売れたとみなす方法 |
| 総平均法 | 期首在庫の資産と期中の仕入の資産を足した総合計の金額を、仕入れた在庫の総数で割る方法 |
| 移動平均法 | 棚卸資産を取得するたびに、順次単価の総平均を改定し、期末時の単価を使う方法 |
| 売価還元法 | 原価率を計算し、期末のときに売れ残った在庫の販売価格（売価）に原価率を掛ける方法 |

※「期中」とは、事業年度の途中のこと。たとえば、4月1日～3月31日が事業年度なら、その間のこと。「期首」とは、事業年度の最初の日のことで、「期末」とは最後の日のこと

ては、税額が大きく変わるケースがありますので、一度検討してみる価値はあるでしょう。

なお、提出期限は、設立第1期の事業年度の**確定申告書の提出期限まで**です。

## ● 減価償却資産の償却方法の変更届出書

「減価償却資産」とは、会社が事業のために購入した自動車や機械、机、パソコン、テレビなどの10万円以上の固定資産のうち、使用とともに価値が減少していく資産をいいます。

減価償却資産を取得した場合、すべての金額を取得時に一括して費用（経費）とすることはできません。使うことによって、価値が減少した分だけ費用化されます。

### ■ 棚卸資産の評価方法の届出書の記載例 ■

棚卸資産の評価方法の届出書

※整理番号

税務署受付印

令和○年○月○日

○○税務署長殿

| | |
|---|---|
| 納税地 | 〒110－0016 東京都台東区台東○丁目○番地○号 電話（03）○○○○－○○○○ |
| （フリガナ） | カブシキガイシャ シンセイ |
| 法人名等 | 株式会社シンセイ |
| 法人番号 | ○○○○○○○○○○○○○ |
| （フリガナ） | シンセイ タロウ |
| 代表者氏名 | 新星太郎 |
| 代表者住所 | 〒110－0016 東京都台東区台東○丁目○番地○号 |
| 事業種目 | 執筆、編集、出版 業 |

連結子法人（届出の対象が連結子法人である場合に限り記載）

| | |
|---|---|
| （フリガナ） | |
| 法人名等 | |
| 本店又は主たる事務所の所在地 | 〒 （ 局 署） 電話（ ） － |
| （フリガナ） | |
| 代表者氏名 | |
| 代表者住所 | 〒 |
| 事業種目 | 業 |

※税務署処理欄

|  | |
|---|---|
| 整理番号 | |
| 部門 | |
| 決算期 | |
| 業種番号 | |
| 整理簿 | |
| 回付先 | □ 親署 ⇒ 子署 □ 子署 ⇒ 調査課 |

棚卸資産の評価方法を下記のとおり届け出ます。

記

| 事業の種類（又は事業所別） | 資産の区分 | 評価方法 |
|---|---|---|
| 出版業 | 商品又は製品 | 総平均法 |
| | 半製品 | |
| | 仕掛品（半成工事） | |
| | 主要原材料 | |
| | 補助原材料 | |
| | | |

変更したい棚卸資産の評価法を記入

参考事項
1 新設法人等の場合には、設立等年月日　令和○年○月○日
2 新たに他の種類の事業を開始した場合又は事業の種類を変更した場合には、開始又は変更の年月日　令和 年 月 日
3 その他

| 税理士署名 | |
|---|---|

| ※税務署処理欄 | 部門 | | 決算期 | | 業種番号 | | 番号 | | 整理簿 | | 備考 | | 通信日付印 | 年 月 日 | 確認 | |
|---|---|---|---|---|---|---|---|---|---|---|---|---|---|---|---|---|

04.03改正　（規格A4）

減価償却資産には、法律でそれぞれに「**耐用年数**」というものが決まっていて、その年数で取得した金額を各事業年度に配分していきます。これを減価償却といいます。個人事業主の方にはおなじみでしょう。

減価償却のやり方には、いくつか種類があります。個人事業のときは、通常、毎期同じ金額を計上する「**定額法**」が法定のやり方でした。

しかし、会社は初年度に大きな金額を経費にして、毎年だんだんとその金額が減っていく「**定率法**」というやり方が法定の算出方法です。

たとえば、１００万円の償却資産があり、耐用年数が10年の場合、定額法だと毎年10万円ずつ費用にすることになります。一方、定率法の場合は、初年度で20万円を計上でき、２年めは約16万円、３年めは約13万円という感じで費用化していきます。

税務署に「**減価償却資産の償却方法の届出書**」を提出することで、個人事業主時代に親しんだ定額法に戻すことができます。しかし、初年度に大きな金額を計上することができるため、定率法のままにしておくのが一般的です。

## ●設立2期めまでは消費税の免税事業者

事業を始めると、原則、消費税の納税義務者になります。しかし、すべての会社が納税義務者になるのではありません。「**基準期間**」の課税売上高が１０００万円を超えると課税事業者になるというルールです。基準期間とは2期前の事業年度のことです。課税売上高とは消費税の対象となる売上高のことをいいます。つまり、2期前の課税売上高が１０００万円を超えていたら、当期は消費税を納めなければなりません。このルールは、個人事業主も会社も同じです。

ところが、設立第1期めと第2期めには、2期前という基準期間がありません。そのため、設立時の**資本金などの額が１０００万円未満であれば、設立**

**第1期めと第2期めは原則、免税事業者**となります（24ページ参照）。そのため、設立当初の資本金は1000万円未満にすることをオススメします。

なお、この権利を得るために、とくに提出しなければならない書類はありません。

## ●消費税の計算の仕方に関する届出書

会社を設立した最初の資本金などの額が、やむを得ず1000万円以上となったときに、消費税の計算をラクにする方法があります。

消費税の納税額の決め方は2通りあります。1つは、売上時に預った消費税から、仕入や経費などの支払時にかかった消費税を差し引いて、残りの消費税を国に戻す方法です。これを「**原則課税**」や「**一般課税**」といい、この計算方法が原則になります。

しかし、この原則課税を採用すると、1つひとつの取引において、本体価格と消費税相当分を分けなければならないため、事務手続きが煩雑になります。

そこで、課税売上高が5000万円以下の中小企業者だけが選択することができる「**簡易課税**」という制度が用意されています。売上に一定割合を掛けて、納付額を求める方法です。このやり方は手間がかからず便利です。

また、もしも**簡易課税のほうが消費税の納税額が安いなら、その分を節税できます**。

簡易課税を選ぶときは、「**消費税簡易課税制度選択届出書**」を税務署に提出する必要があります。提出期限は、最初の事業年度の終了の日までです。

また、設立時に資本金が1000万円以上となった場合には、「**消費税の新設法人に該当する旨の届出書**」という書類も、税務署に提出しなければなりません。この書類は、「速やかに届け出る」と定められています。なお、この簡易課税制度は、2期前の課税売上高が1000万円を超えたとき、つまり、納税義務者になったら、ぜひ活用してほしい制度ですので、覚えておきましょう。

# 11 個人事業を廃業する

法人成りしたら、個人事業は廃業することになります。税務署などにいろいろな書類を提出することが必要です。

## ●個人事業の廃業届を提出する

個人事業をしていた事業主が法人成りをしたら、「**個人事業の開業・廃業等届出書**」という書類に廃業した旨を書いて、確定申告をしていた税務署へ提出が必要です。

また、消費税の課税事業者だった場合には、「**事業廃止届出書**」という書類の届け出も必要です。提出期限は、事業を廃止してから**1カ月以内**です。

また、廃止の届け出は、国税だけでなく地方税にも必要です。「**事業開始（廃止）等申告書（個人事業税）**」という書類を都道府県税事務所に提出します。期限は自治体によってさまざまですが、東京都の場合は15日以内となっています。

市区町村へも届け出が必要です。提出する書類や手続きの内容などは、自治体によって異なりますので、事前に確認しましょう。

## ●所得税の青色申告の取りやめ届出書の提出

個人事業主時代に青色申告をしていて、法人成り後、個人の所得が会社からの給料以外にない場合は「**所得税の青色申告の取りやめ届出書**」の提出も必要です。

会社から不動産収入を得たりする場合には、青色申告が有利ですので、この書類の提出は見送りましよう。提出期限は青色申告書による申告を取りやめようとする年の**翌年3月15日**までです。

また、個人事業主時代に、専従者給与を含め、従業員へ給与を支給していた場合は、**「給与支払事務所等の廃止届出書」**を税務署に提出します。期限は個人事業を廃止してから**1カ月以内**です。

## 個人事業の開業・廃業等届出書の記載例

「廃業」を○で囲み、「法人成り」と記入

個人で不動産所得など、給料以外の収入がある場合は、青色申告を続けよう

税務署受付印　1040

個人事業の開業・廃業等届出書

○○税務署長

○年○月○日提出

| | |
|---|---|
| 納税地 | ○住所地・○居所地・○事業所等(該当するものを選択してください。)<br>(〒110 －○○○○)<br>東京都台東区台東○丁目○番地○号<br>(TEL 03 -○○○○-○○○○) |
| 上記以外の住所地・事業所等 | 納税地以外に住所地・事業所等がある場合は記載します。<br>(〒 － )<br>(TEL - - ) |
| フリガナ | シンセイ　タロウ |
| 氏名 | 新星太郎 ㊞　生年月日 ○大正 ○昭和 ○平成 ○令和 ○年○月○日生 |
| 個人番号 | ○○○○○○○○○○○○ |
| 職業 | ライター　フリガナ シンセイ　屋号 シンセイ |

個人事業の開廃業等について次のとおり届けます。

| | |
|---|---|
| 届出の区分 | ○開業(事業の引継ぎを受けた場合は、受けた先の住所・氏名を記載します。)<br>住所　氏名<br>事務所・事業所の(○新設・○増設・○移転・○廃止)<br>○廃業(事由)法人成り<br>(事業の引継ぎ(譲渡)による場合は、引き継いだ(譲渡した)先の住所・氏名を記載します。)<br>住所　氏名 |
| 所得の種類 | ○不動産所得・○山林所得・○事業(農業)所得〔廃業の場合……○全部・○一部( )〕 |
| 開業・廃業等日 | 開業や廃業、事務所・事業所の新増設等のあった日　○年○月○日 |
| 事業所等を新増設、移転、廃止した場合 | 新増設、移転後の所在地　(電話)<br>移転・廃止前の所在地 |
| 廃業の事由が法人の設立に伴うものである場合 | 設立法人名 株式会社シンセイ　代表者名 新星太郎<br>法人納税地 東京都台東区台東○丁目○番地○号　設立登記 ○年○月○日 |
| 開業・廃業に伴う届出書の提出の有無 | 「青色申告承認申請書」又は「青色申告の取りやめ届出書」 ○有・○無<br>消費税に関する「課税事業者選択届出書」又は「事業廃止届出書」 ○有・○無 |
| 事業の概要(できるだけ具体的に記載します) | 1. 書籍の執筆、編集、販売<br>2. 雑誌の執筆、編集、販売 |

| 給与等の支払の状況 区分 | 従事員数 | 給与の定め方 | 税額の有無 | その他参考事項 |
|---|---|---|---|---|
| 専従者 | 人 | | ○有・○無 | |
| 使用人 | | | ○有・○無 | |
| | | | ○有・○無 | |
| 計 | | | | |

源泉所得税の納期の特例の承認に関する申請書の提出の有無　○有・○無　給与支払を開始する年月日　年　月　日

関与税理士 (TEL - - )

| 税務署整理欄 | 整理番号 | 関係部門連絡 | A | B | C | 番号確認 | 身元確認 |
|---|---|---|---|---|---|---|---|
| | 0 | | | | | | □済 □未済 |
| | 源泉用紙交付 | 通信日付印の年月日 | 確認印 | 確認書類 個人番号カード／通知カード・運転免許証 その他( ) | | | |
| | | 年 月 日 | | | | | |

消費税の課税事業者で、ほかに収入のない人は「事業廃止届出書」を一緒に提出

## 事業廃止届出書の記載例

法人成りした前日を記入

事　業　廃　止　届　出　書

収受印

| 令和 ○ 年 ○ 月 ○ 日 | 届出者 | （フリガナ） | トウキョウト タイトウク タイトウ ○チョウメ○バンチ○ゴウ |
|---|---|---|---|
| | | 納税地 | （〒 110 － ○○○○ ）<br>東京都台東区台東○丁目○番地○号<br>（電話番号　03　－○○○○－○○○○） |
| | | （フリガナ） | シンセイ　タロウ |
| | | 氏名又は名称及び代表者氏名 | 新星太郎 |
| ○○税務署長殿 | | 個人番号又は法人番号 | ↓ 個人番号の記載に当たっては、左端を空欄とし、ここから記載してください。<br>○ ○ ○ ○ ○ ○ ○ ○ ○ ○ ○ ○ ○ |

下記のとおり、事業を廃止したので、消費税法第57条第１項第３号の規定により届出します。

| 事業廃止年月日 | 令和 ○ 年 ○ 月 ○ 日 |
|---|---|
| 納税義務者となった年月日 | 平成<br>令和　　年　　月　　日 |
| 参考事項 | |
| 税理士署名 | （電話番号　　－　　－　　） |

| ※税務署処理欄 | 整理番号 | | 部門番号 | | |
|---|---|---|---|---|---|
| | 届出年月日 | 年　月　日 | 入力処理 | 年　月　日 | 台帳整理　年　月　日 |
| | 番号確認 | | 身元確認 □ 済 □ 未済 | 確認書類 個人番号カード／通知カード・運転免許証 その他（　　） | |

注意　1．裏面の記載要領等に留意の上、記載してください。
　　　2．税務署処理欄は、記載しないでください。

## 所得税の青色申告の取りやめ届出書と給与支払事務所等の廃止届出書の記載例

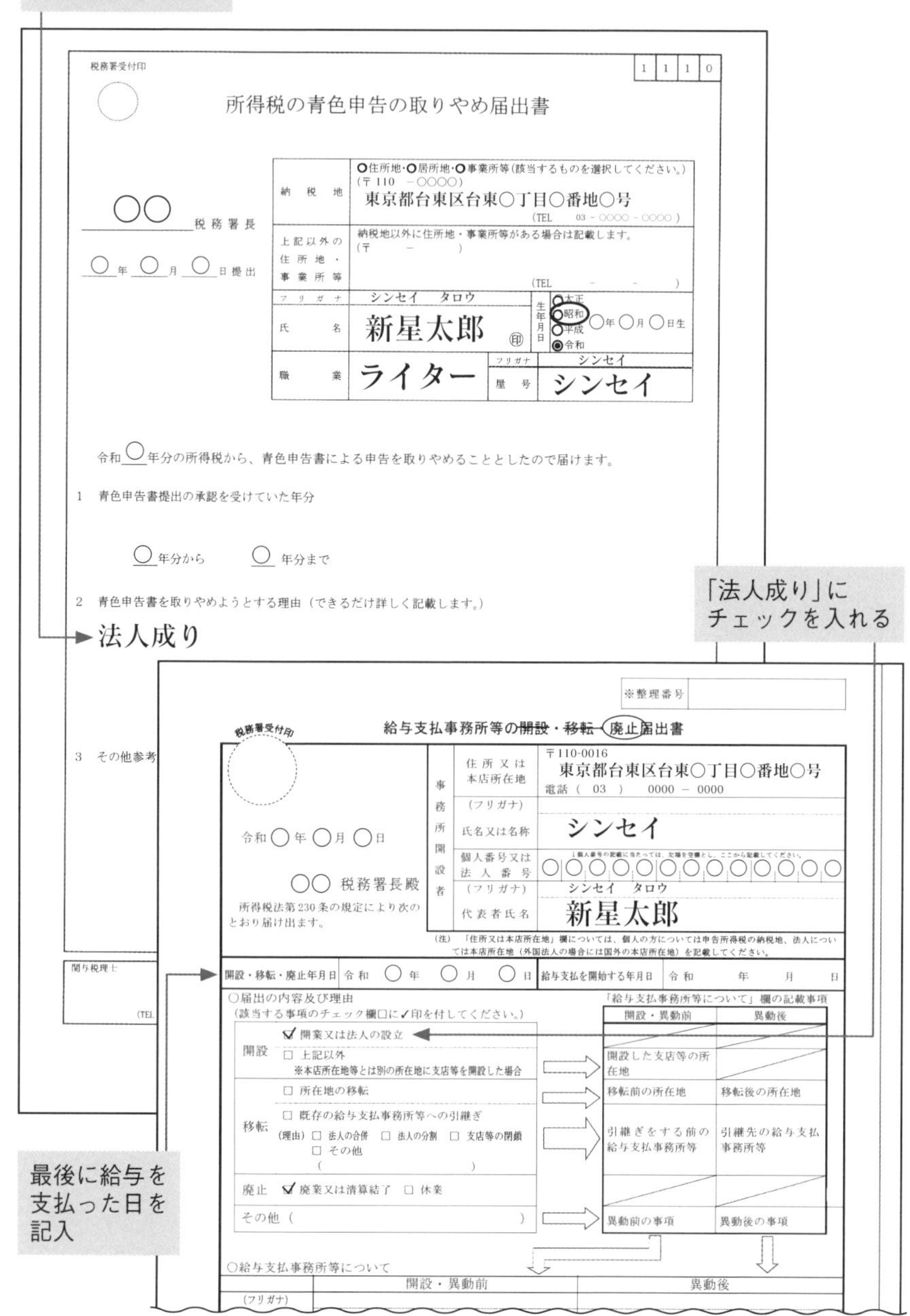

「法人成り」と記入
「法人成り」にチェックを入れる
最後に給与を支払った日を記入

所得税の青色申告の取りやめ届出書

税務署受付印

1 1 1 0

○○税務署長

○年○月○日提出

| | |
|---|---|
| 納税地 | ○住所地・○居所地・○事業所等(該当するものを選択してください。)<br>(〒110 －○○○○)<br>東京都台東区台東○丁目○番地○号<br>(TEL 03－○○○○－○○○○) |
| 上記以外の住所地・事業所等 | 納税地以外に住所地・事業所等がある場合は記載します。<br>(〒 － )<br>(TEL － － ) |
| フリガナ | シンセイ タロウ |
| 氏名 | 新星太郎 印 |
| 生年月日 | ○大正 ○昭和 ○平成 ◉令和 ○年○月○日生 |
| 職業 | ライター |
| 屋号(フリガナ) | シンセイ |
| 屋号 | シンセイ |

令和○年分の所得税から、青色申告書による申告を取りやめることとしたので届けます。

1 青色申告書提出の承認を受けていた年分

○年分から ○年分まで

2 青色申告書を取りやめようとする理由(できるだけ詳しく記載します。)

法人成り

3 その他参考

関与税理士

(TEL

※整理番号

給与支払事務所等の開設・移転・廃止届出書

税務署受付印

令和○年○月○日

○○税務署長殿

所得税法第230条の規定により次のとおり届け出ます。

| | | |
|---|---|---|
| 事務所開設者 | 住所又は本店所在地 | 〒110-0016<br>東京都台東区台東○丁目○番地○号<br>電話( 03 ) 0000 － 0000 |
| | (フリガナ) | |
| | 氏名又は名称 | シンセイ |
| | 個人番号又は法人番号 | ↓個人番号の記載に当たっては、左端を空欄とし、ここから記載してください。<br>○○○○○○○○○○○○○ |
| | (フリガナ) | シンセイ タロウ |
| | 代表者氏名 | 新星太郎 |

(注)「住所又は本店所在地」欄については、個人の方については申告所得税の納税地、法人については本店所在地(外国法人の場合には国外の本店所在地)を記載してください。

| 開設・移転・廃止年月日 | 令和 ○年 ○月 ○日 | 給与支払を開始する年月日 | 令和 年 月 日 |
|---|---|---|---|

○届出の内容及び理由

(該当する事項のチェック欄□に✓印を付してください。)

| | | 「給与支払事務所等について」欄の記載事項 開設・異動前 | 異動後 |
|---|---|---|---|
| 開設 | ☑ 開業又は法人の設立 | | |
| | □ 上記以外<br>※本店所在地等とは別の所在地に支店等を開設した場合 | 開設した支店等の所在地 | |
| 移転 | □ 所在地の移転 | 移転前の所在地 | 移転後の所在地 |
| | □ 既存の給与支払事務所等への引継ぎ<br>(理由) □ 法人の合併 □ 法人の分割 □ 支店等の閉鎖<br>□ その他<br>( ) | 引継ぎをする前の給与支払事務所等 | 引継先の給与支払事務所等 |
| 廃止 | ☑ 廃業又は清算結了 □ 休業 | | |
| その他 | ( ) | 異動前の事項 | 異動後の事項 |

○給与支払事務所等について

| | 開設・異動前 | 異動後 |
|---|---|---|
| (フリガナ) | | |

## ■ 事業開始等申告書（個人事業税）の記載例 ■

**第32号様式**（甲）（条例第26条関係）

受付印

事業開始等申告書（個人事業税）

| | | 新（変更後） | 旧（変更前） |
|---|---|---|---|
| 事務所（事業所） | 所在地 | 東京都台東区<br>台東○丁目○番地○号<br>電話 03（○○○○）○○○○ | 電話（　　） |
| | 名称・屋号 | シンセイ | |
| | 事業の種類 | 執筆・編集業 | |
| | 事業主住所が事務所（事業所）所在地と同じ場合は、下欄に「同上」と記載する。<br>なお、異なる場合で、事務所（事業所）所在地を所得税の納税地とする旨の書類を税務署長に提出する場合は、事務所（事業所）所在地欄に○印を付する。 | | |
| 事業主 | 住所 | 同上<br>電話（　　） | 電話（　　） |
| | フリガナ | | |
| | 氏名 | | |
| 開始・(廃止)・変更等の年月日 | | ○年 ○月 ○日 | 事由等：開始・廃止・(※法人設立)<br>その他（　　） |
| ※法人設立 | 所在地 | 東京都台東区<br>台東○丁目○番地○号 | 法人名称：株式会社シンセイ |
| | 法人設立年月日 | ○年 ○月 ○日（(既設)・予定） | 電話番号：03-○○○○-○○○○ |

東京都都税条例第２６条の規定に基づき、上記のとおり申告します。

○年 ○月 ○日

氏名 新星太郎

○○ 都税事務所長<br>支　庁　長 殿

（日本工業規格Ａ列４番）

備考　この様式は、個人の事業税の納税義務者が条例第26条に規定する申告をする場合に用いること。

都・個

法人成りした前日を記入

法人成りした日を記入

「法人設立」を○で囲む

## 個人の確定申告を忘れずに

法人成りの場合、12月に個人事業を廃業して、1月から法人として事業を開始した会社は問題ないのですが、年の途中で行ったときは注意が必要です。「個人事業の廃業届などもきちんと提出して、もう事業はすべて法人に移したから、申告・納税も法人で行うだけだ」と安心してはいけません。

たとえば、1月に個人事業を廃業し、2月から法人として事業を引き継いだ場合、たった1カ月でも翌年の3月には、1カ月分の事業所得を含めた**確定申告書を税務署へ提出しなければなりません**。法人成りから1年以上経ってしまって忘れがちですが、申告は義務です。払うべき税金がある場合には、無申告の「脱税」となってしまいます。

## 所得税の予定納税を避けよう

個人事業主の所得税の申告と納付時期は毎年3月ですが、「**予定納税**」という制度があります。

確定申告で一定の所得税を納める納税者は、7月と11月に前年の3分の1ずつ前払いし、翌年の確定申告で精算することになっています。

法人成りをして個人事業を廃業した事業主で、個人事業を行っていたときに、一定の所得税を納税していた場合は要注意です。なぜなら、もうすでに法人成りして個人事業を廃業したにもかかわらず、予定納税の要件を満たしてしまうと、税務署から納付の案内が届いてしまうことがあるからです。

そのまま予定納税しても還付で戻ってきますから、納付しても損はありません。しかし、翌年3月の確定申告では、年の途中で個人事業を廃業し、前年並みの納税はありませんので、本来は前払いする必要はないのです。

これについては、7月15日（または11月15日）までに、「**○年分 所得税及び復興特別所得税の予定納税額の7月（11月）減額申請書**」を提出することで、その前払いを防ぐことができます。

# 12 社会保険の届け出をする

法人成りすると、社会保険に加入しなくてはなりません。ここでは、加入するための手続きを紹介します。順番にこなせば問題ありません。

## 社会保険への加入手続き

法人成りすると、たとえ社長一人の会社でも、社会保険へ加入する義務が発生します。

ここでいう社会保険とは、健康保険（国民健康保険ではありません）と厚生年金保険のことです。

申請は、会社の所在地を管轄する年金事務所へ届け出ます。

必要書類は、

①健康保険・厚生年金保険新規適用届
②健康保険・厚生年金保険被保険者資格取得届
③健康保険被扶養者届

の3つです。また、保険料の納付を金融機関を使って自動的に振り替える、

**健康保険・厚生年金保険保険料口座振替納付申出書**

も、あわせて提出しておくべきです。これは大多数の事業主が利用しています。

これらの書類の提出期限は、会社を設立した日から5日以内です。

これらの書類を提出するときに必要となる書類を次ページの一覧に挙げます。

なお、提出書類や添付書類は年金事務所によって、

または提出する側の状況によって変わります。

事前に年金事務所に確認してから手続きを行いましょう。

反対に、個人事業主時代に加入していた国民健康保険は、やめる手続きが必要になります（189ページ参照）。

なお、国民年金から厚生年金への変更は、社会保険の加入手続きによって自動的に完了となります。

## 社会保険の手続きに必要な書類（必要に応じて提出）

### ●会社に関するもの

- 会社の登記簿謄本（登記事項証明書）
- 法人番号指定通知書等のコピー
- 定款のコピー
- 賃貸借契約書のコピー（会社所在地の土地・建物を借りている場合）
- 就業規則のコピー（ある場合のみ）
- 賃金規程のコピー（ある場合のみ）
- 従業員の出勤簿（またはタイムカードのコピー）
- 従業員名簿（社長を含めた全員分）
- 賃金台帳（全員分。ただし、加入日以降まだ給与の支払いがない場合は不要）
- 役員報酬にかかわる取締役会等議事録のコピー

### ●加入者に関するもの

- 本人の年金手帳

#### ○配偶者がいる場合

- 配偶者の年金手帳
- パートなどで働いている場合、直近３カ月の「給与支払証明書」（勤務先で発行してもらう）
- 無職の場合、「非課税証明書」（市区町村で発行してもらう）

#### ○扶養家族の子がいる場合

- 16歳未満または学生の場合、氏名、生年月日、学年などの情報が書かれた書類
- 無職の場合、市区町村で「非課税証明書」（市区町村で発行してもらう）

#### ○扶養家族の父母がいる場合

- 住民票のコピー
- パートなどで働いている場合、直近３カ月の「給与支払証明書」（勤務先で発行してもらう）
- 無職の場合、「非課税証明書」（市区町村で発行してもらう）
- 年金を受給している場合、直近の「年金の振込通知書（ハガキ）」のコピー

## 健康保険・厚生年金保険新規適用届の記載例

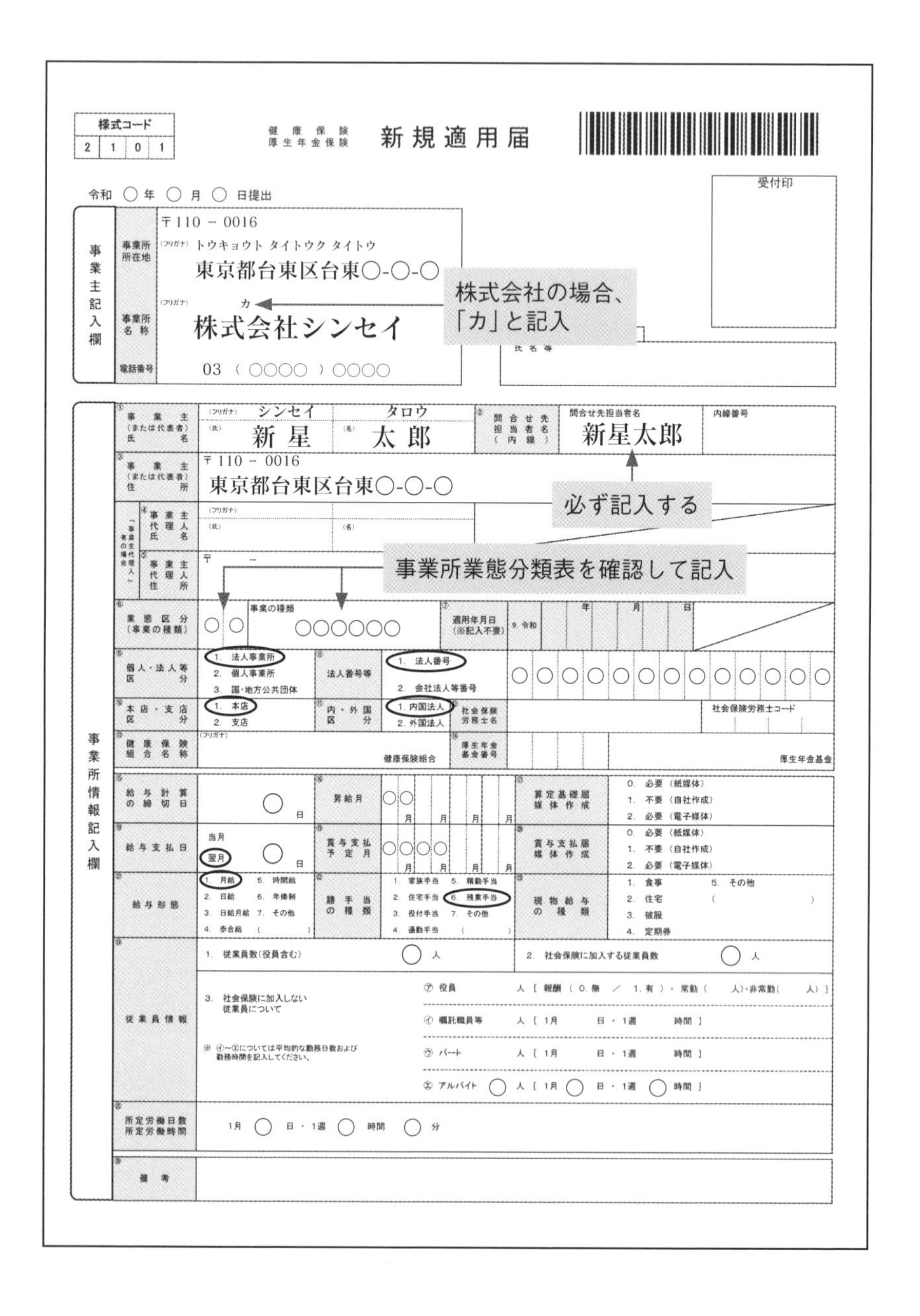

様式コード 2101

健康保険
厚生年金保険　新規適用届

令和 ○ 年 ○ 月 ○ 日提出

受付印

事業主記入欄

| | |
|---|---|
| 事業所所在地 | 〒110 − 0016<br>(フリガナ) トウキョウト タイトウク タイトウ<br>東京都台東区台東○-○-○ |
| 事業所名称 | (フリガナ) カ<br>株式会社シンセイ |
| 電話番号 | 03 （ ○○○○ ） ○○○○ |

氏名等



事業所情報記入欄

| | | | |
|---|---|---|---|
| ① 事業主（または代表者）氏名 | (フリガナ) シンセイ タロウ<br>(氏) 新星 (名) 太郎 | ② 問合せ先担当者名（内線） | 問合せ先担当者名 新星太郎　内線番号 |
| ③ 事業主（または代表者）住所 | 〒110 − 0016<br>東京都台東区台東○-○-○ | | |
| ④ 事業主代理人氏名（「事業主の代理人」有の場合） | (フリガナ)<br>(氏) (名) | | |
| ⑤ 事業主代理人住所 | 〒 − | | |
| ⑥ 業態区分（事業の種類） | ○○　事業の種類 ○○○○○○ | ⑦ 適用年月日（※記入不要） | 9. 令和　年　月　日 |
| ⑧ 個人・法人等区分 | 1. 法人事業所<br>2. 個人事業所<br>3. 国・地方公共団体 | ⑨ 法人番号等 | 1. 法人番号<br>2. 会社法人等番号<br>○○○○○○○○○○○○○ |
| ⑩ 本店・支店区分 | 1. 本店<br>2. 支店 | ⑪ 内・外国区分 | 1. 内国法人<br>2. 外国法人　社会保険労務士名　社会保険労務士コード |
| ⑫ 健康保険組合名称 | (フリガナ)　健康保険組合 | ⑬ 厚生年金基金番号 | 厚生年金基金 |
| ⑮ 給与計算の締切日 | ○ 日 | ⑯ 昇給月 | ○○ 月　月　月　月 |
| ⑰ 算定基礎届媒体作成 | 0. 必要（紙媒体）<br>1. 不要（自社作成）<br>2. 必要（電子媒体） | | |
| ⑱ 給与支払日 | 当月<br>翌月 ○ 日 | ⑲ 賞与支払予定月 | ○○○○ 月　月　月　月 |
| ⑳ 賞与支払届媒体作成 | 0. 必要（紙媒体）<br>1. 不要（自社作成）<br>2. 必要（電子媒体） | | |
| ㉑ 給与形態 | 1. 月給　5. 時間給<br>2. 日給　6. 年俸制<br>3. 日給月給　7. その他<br>4. 歩合給（　） | ㉒ 諸手当の種類 | 1. 家族手当　5. 精勤手当<br>2. 住宅手当　6. 残業手当<br>3. 役付手当　7. その他<br>4. 通勤手当（　） |
| ㉓ 現物給与の種類 | 1. 食事　5. その他<br>2. 住宅（　）<br>3. 被服<br>4. 定期券 | | |
| ㉔ 従業員情報 | 1. 従業員数（役員含む） ○ 人<br>2. 社会保険に加入する従業員数 ○ 人<br>3. 社会保険に加入しない従業員について<br>※ ㋑～㋓については平均的な勤務日数および勤務時間を記入してください。 | | ㋐ 役員　人［報酬（0. 無 ／ 1. 有）・常勤（　人）・非常勤（　人）］<br>㋑ 嘱託職員等　人［1月　日・1週　時間］<br>㋒ パート　人［1月　日・1週　時間］<br>㋓ アルバイト ○ 人［1月 ○ 日・1週 ○ 時間］ |
| ㉕ 所定労働日数 所定労働時間 | 1月 ○ 日・1週 ○ 時間 ○ 分 | | |
| ㉖ 備考 | | | |

# 健康保険・厚生年金保険被保険者資格取得届の記載例

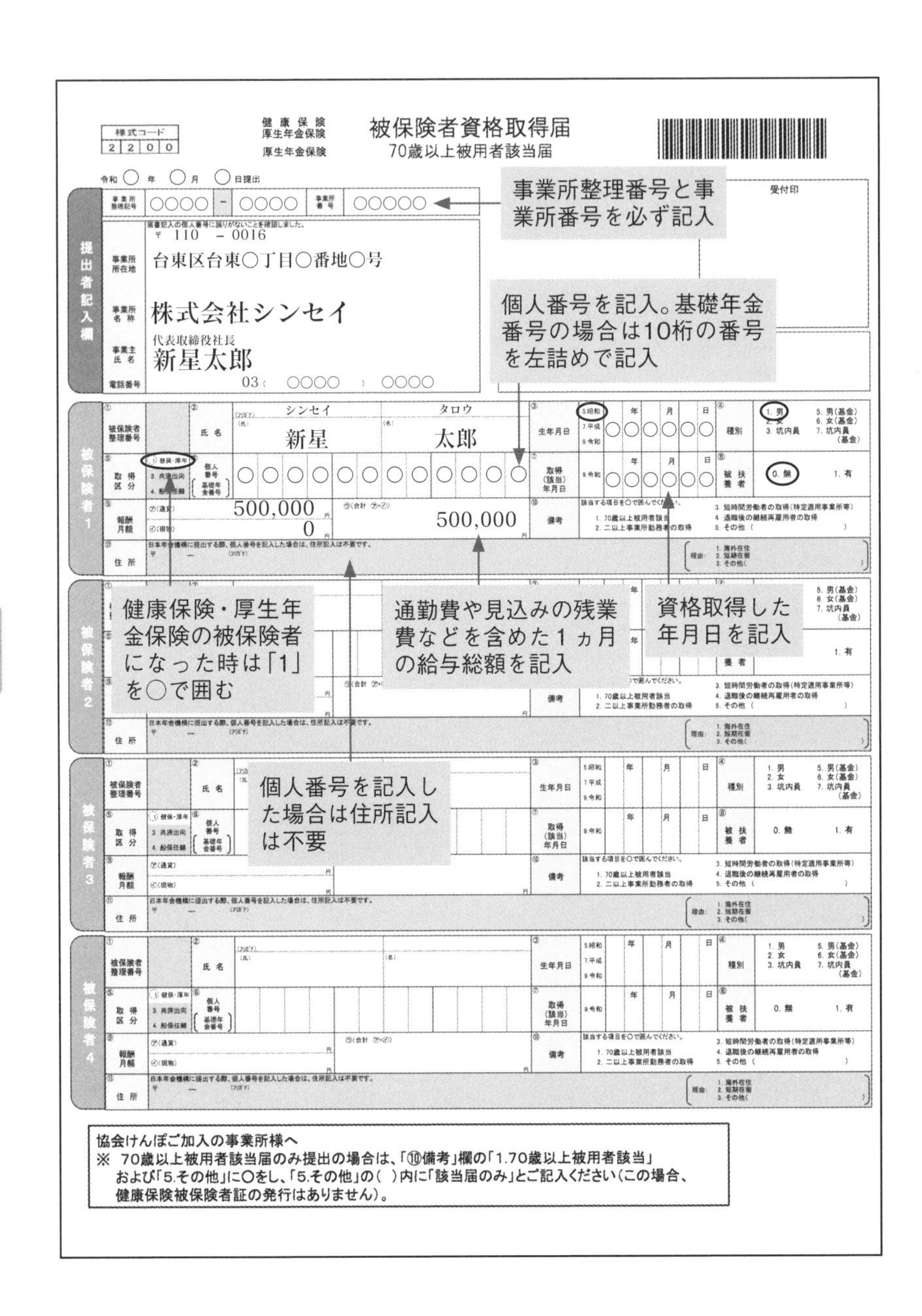

様式コード 2200

健康保険
厚生年金保険
厚生年金保険

被保険者資格取得届
70歳以上被用者該当届

令和　年　月　日提出

事業所整理記号 ○○○○ - ○○○○　事業所番号 ○○○○○

受付印

提出者記入欄

届書記入の個人番号に誤りがないことを確認しました。

〒 110 － 0016

事業所所在地 台東区台東○丁目○番地○号

事業所名称 株式会社シンセイ

事業主氏名 代表取締役社長 新星太郎

電話番号 03（○○○○）○○○○

被保険者1

① 被保険者整理番号

② 氏名 (フリガナ) シンセイ タロウ　(氏) 新星 (名) 太郎

③ 生年月日 5.昭和 7.平成 9.令和 ○○ 年 ○○ 月 ○○ 日

④ 種別 1.男 2.女 3.坑内員 5.男(基金) 6.女(基金) 7.坑内員(基金)

⑤ 取得区分 1.健保・厚年 3.共済出向 4.船保任継

⑥ 個人番号 [基礎年金番号] ○○○○○○○○○○○○

⑦ 取得(該当)年月日 9.令和 ○○ 年 ○○ 月 ○○ 日

⑧ 被扶養者 0.無 1.有

⑨ 報酬月額 ㋐(通貨) 500,000 円　㋑(現物) 0 円　㋒(合計 ㋐+㋑) 500,000 円

⑩ 備考 該当する項目を○で囲んでください。
1. 70歳以上被用者該当
2. 二以上事業所勤務者の取得
3. 短時間労働者の取得(特定適用事業所等)
4. 退職後の継続再雇用者の取得
5. その他（　）

⑪ 住所 日本年金機構に提出する際、個人番号を記入した場合は、住所記入は不要です。
〒　－　(フリガナ)
理由: 1. 海外在住 2. 短期在留 3. その他（　）

被保険者2・被保険者3・被保険者4（記入欄は被保険者1と同じ項目）

協会けんぽご加入の事業所様へ
※ 70歳以上被用者該当届のみ提出の場合は、「⑩備考」欄の「1.70歳以上被用者該当」および「5.その他」に○をし、「5.その他」の（ ）内に「該当届のみ」とご記入ください（この場合、健康保険被保険者証の発行はありません）。

事業所整理番号と事業所番号を必ず記入
個人番号を記入。基礎年金番号の場合は10桁の番号を左詰めで記入
健康保険・厚生年金保険の被保険者になった時は「1」を○で囲む
通勤費や見込みの残業費などを含めた1ヵ月の給与総額を記入
資格取得した年月日を記入
個人番号を記入した場合は住所記入は不要

## 健康保険被扶養者届の記載例

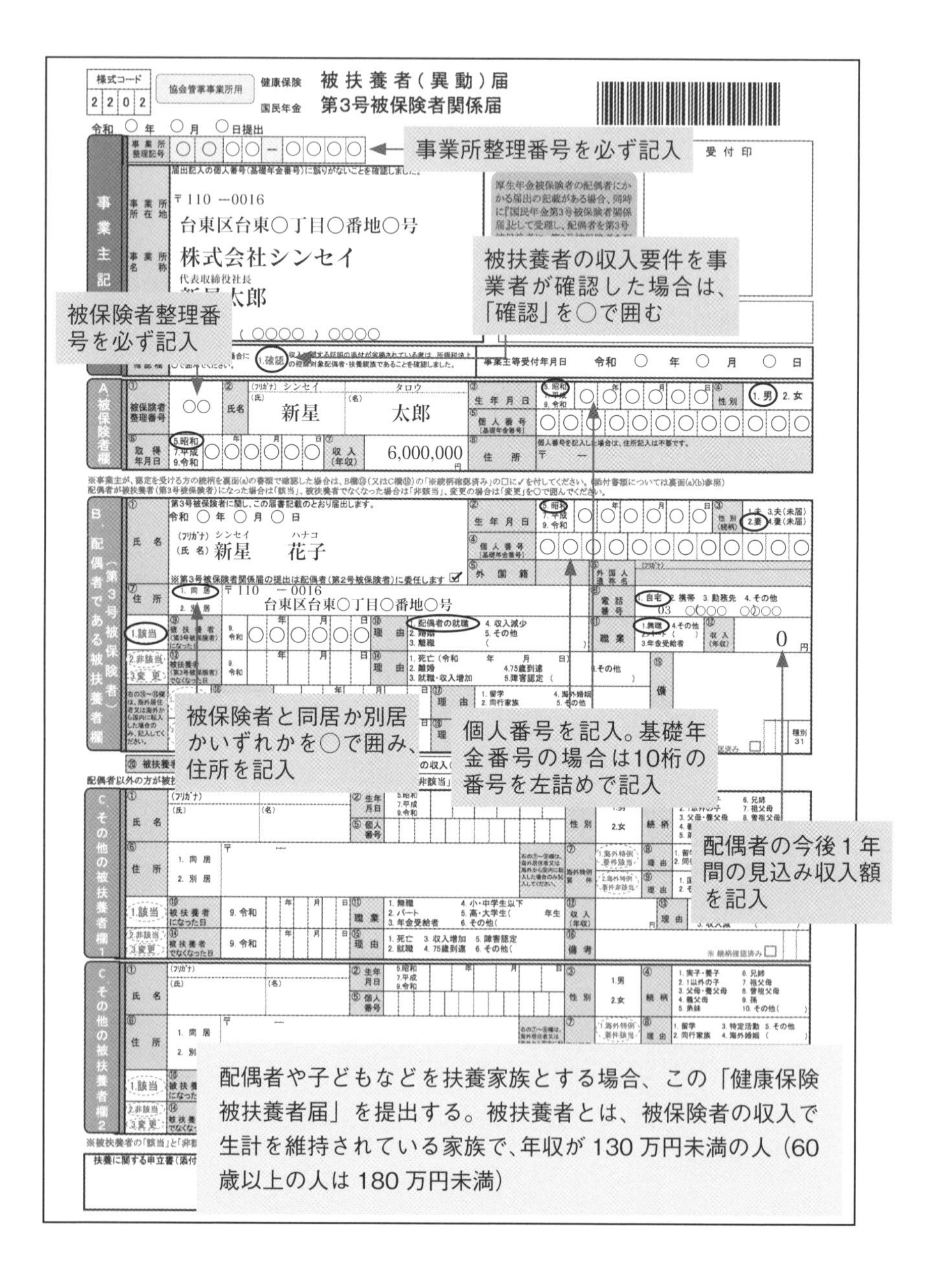

健康保険 被扶養者（異動）届
国民年金 第3号被保険者関係届
事業所整理番号を必ず記入
〒110 −0016
台東区台東○丁目○番地○号
株式会社シンセイ
代表取締役社長
新星太郎
被保険者整理番号を必ず記入
被扶養者の収入要件を事業者が確認した場合は、「確認」を○で囲む
新星 太郎
6,000,000
新星 花子
〒110 −0016 台東区台東○丁目○番地○号
被保険者と同居か別居かいずれかを○で囲み、住所を記入
個人番号を記入。基礎年金番号の場合は10桁の番号を左詰めで記入
配偶者の今後１年間の見込み収入額を記入
0
配偶者や子どもなどを扶養家族とする場合、この「健康保険被扶養者届」を提出する。被扶養者とは、被保険者の収入で生計を維持されている家族で、年収が 130 万円未満の人（60 歳以上の人は 180 万円未満）

■ 健康保険・厚生年金保険保険料口座振替納付申出書の記載例 ■

様式コード 2593

健康保険 厚生年金保険 保険料口座振替納付（変更）申出書

○○ 年金事務所長 あて　令和 ○ 年○月 ○日提出

**提出者記入欄**

| | |
|---|---|
| 事業所整理記号 | ― 　事業所番号（告知番号） |
| 事業所所在地 | 〒 110 - 0016<br>トウキョウト タイトウク タイトウ<br>東京都台東区台東○-○-○ |
| （フリガナ）事業所名称 | カブシキガイシャ<br>株式会社シンセイ |
| （フリガナ）事業主氏名 | ダイヒョウトリシマリヤク シンセイ タロウ<br>代表取締役 新星 太郎 |
| 電話番号 | 03 （○○○○）○○○○ |

日本年金機構

私は、下記により保険料等を口座振替によって納付したいので、保険料額等必要な事項を記載した納入告知書は、指定の金融機関あてに送付してください。

納入告知（納付）書をお持ちの場合は、記載されている事業所整理記号等をご記入ください。事業主氏名の欄には、肩書と氏名をご記入ください。

1. 振替事由　該当する項目に○をつけてください。
※複写となっていますので、○をつける際は、強めにご記入ください。

| A 事由 | 振替事由区分 | (1.新規)<br>2.変更 |
|---|---|---|

2. 指定預金口座 口座振替を希望する金融機関（納入告知書送付先）インターネット専業銀行等、一部お取り扱いできない金融機関があります。
・太枠内に必要事項を記入、押印してください。（銀行等またはゆうちょ銀行のいずれかを選んでご記入ください。）
・預金口座は、年金事務所へお届けの所在地、名称、事業主氏名と口座名義が同一のものをご指定ください。

**B 指定預金口座**

| 銀行区分 | | |
|---|---|---|
| 銀行等（ゆうちょ銀行を除く） | 金融機関名 | ○○ (1.銀行) 2.信用金庫 3.信用組合 4.労働金庫 5.農協 6.漁協　○○ 1.本店 (2.支店) 3.本所 4.支所 |
| 銀行等（ゆうちょ銀行を除く） | 預金種別 | (1.普通) 2.当座 |
| 銀行等（ゆうちょ銀行を除く） | 口座番号（右詰めで記入） | ○○○○○○○ |
| 銀行等（ゆうちょ銀行を除く） | 金融機関コード | |
| 銀行等（ゆうちょ銀行を除く） | 支店コード | |
| ゆうちょ銀行 | 通帳記号 | 1○○○0― |
| ゆうちょ銀行 | 通帳番号（右詰めで記入） | ○○○○○○○○ |

お届け印　銀行区分に関わらず 2枚目に押印してください

3. 対象保険料等　健康保険料、厚生年金保険料および子ども・子育て拠出金
4. 振替納付指定日　納期の最終日（休日の場合は翌営業日）

注）1. 口座振替を希望する金融機関、指定預金口座等を変更するときは、ただちに、この用紙によりご提出ください。
2. 提出された時期により、振替開始月が翌月以降になることがありますのでご了承ください。

金融機関の確認欄　確認印

1枚目（年金事務所用）　機構使用欄

## 国民健康保険被保険者　資格喪失届（東京都・江東区の例）

### 国民健康保険被保険者　資格喪失届

| 江東区 | 国民健康保険証の記号番号 | 届　出　日 |
|---|---|---|
| 全部<br>一部 | 08－ ○○ － ○○○○ | ○ 年 ○ 月 ○ 日 |

届出人

| | | |
|---|---|---|
| 住　所 | 江東区 ○○ △丁目 △番 △号 | ■世帯主<br>□本人<br>□その他<br>（　　　） |
| 氏　名 | ○○ ○○ | |
| 電　話 | （日中連絡先）03-××××-×××× | 個人番号 123456789012 |

| | 国民健康保険をやめる人 | | 性 別 | 続 柄 |
|---|---|---|---|---|
| 1 | フリガナ ○○○○ ○○○○ | | ○ | 世帯主 |
| | 氏　名 ○○ ○○ | | | |
| | 生年月日 ○年 ○月 ○日 | 個人番号 123456789012 | | |
| 2 | フリガナ | | | |
| | 氏　名 | | | |
| | 生年月日　年　月　日 | 個人番号 | | |
| 3 | フリガナ | | | |
| | 氏　名 | | | |
| | 生年月日　年　月　日 | 個人番号 | | |
| 4 | フリガナ | | | |
| | 氏　名 | | | |
| | 生年月日　年　月　日 | 個人番号 | | |
| 5 | フリガナ | | | |
| | 氏　名 | | | |
| | 生年月日　年　月　日 | 個人番号 | | |

【次の1～4を同封してください】

**1. 加入した健康保険証のコピー（国保をやめる方、全員分）**

**2. 江東区国民健康保険証（国保をやめる方、全員分）**

＊ 国民健康保険証がないときは、その理由

□ 紛失　□ その他（　　　　　　　　）

**3. 届出人の個人番号のわかる資料のコピー**

例：個人番号カード裏面、通知カード、個人番号が記載された住民票の写しなどのコピー

**4. 届出人の身元が確認できる資料のコピー**

例：個人番号カード表面、運転免許証、パスポート、在留カード、年金手帳などのコピー

事務処理欄

| 徴収嘱託員 | 受 付 | 入 力 | 保険証 回 収 | 保険証 未回収 | 確 認 | 通知打出し | 通知確認 |
|---|---|---|---|---|---|---|---|
| | | | | | | | |

## 書類をすべて揃えたら

これらの書類をすべて準備したら、いよいよ年金事務所に提出します。年金事務所に行くときは、会社の代表印を持参しましょう。また、地域によっては、予約が必要なケースもありますので、事前に年金事務所に確認してください。

## 国民健康保険をやめる

社会保険への加入手続きを終えて、協会けんぽ（全国健康保険協会）の健康保険などに切り替えが済んだら、それまで加入していた国民健康保険はやめることになります。

やめる手続きは別途必要になりますので、忘れずに行いましょう。

手続きは、市区町村の役所の国民健康保険の窓口で行います。

その際には、新しく入手した協会けんぽなどの健康保険証（実物またはコピー）と、これまで持っていた国民健康保険の保険証（役所に返還する）、それに本人確認ができる書類（実物またはコピー）を持参します。

窓口で、「国民健康保険被保険者　資格　取得・喪失・その他　届」といった名称の書類（書類の名称は各自治体で異なる）に、必要事項を記入して、提出します。

窓口に持参が必要なものと、提出が必要な書類の名称は、あらかじめ電話で確認しておくとよいでしょう。

なお、国民年金から厚生年金への変更は、社会保険の手続きを済ますと自動的に行われるようになっていますので、あなたが国民年金を脱退するための手続きを行う必要はありません。

# 13 労働保険の届け出をする

従業員を雇い入れると、労働保険にも加入義務があります。労災保険と雇用保険は、従業員だけでなく、会社も守ってくれる大切な制度です。

## ●労働保険とは

法人成りして従業員を雇ったとき、社会保険のほかにも、かならず加入しなければならないのが「**労働保険**」です。

労働保険とは「**労働者災害補償保険（労災保険）**」と「**雇用保険**」の総称です。

## ●人を雇ったら労働保険の加入手続きを

労働保険の加入手続きをする前に確認することがあります。それは、自分の会社の事業の種類です。大まかにいうと、次の2種類に分けられます。農林水産業と清酒製造業、建設業は「二元適用事業」、それ以外の会社は「一元適用事業」となり、それぞれ手続きや保険料の納付方法が異なります。

ここでは、大部分の法人が当てはまる一元適用事業を例に紹介していきます。

会社が労働保険に加入するには、会社の住所地などを管轄する労働基準監督署に届け出をする必要があります。最初の手続きは、会社の保険関係「成立」です。また、保険料の納付も必要となります。

労働保険料は前払い方式なので、最初に概算で次の3月末までの保険料を申告・納付します。

この場合の必要書類は、次のとおりです。

**①労働保険保険関係成立届**
**②労働保険概算保険料申告書**

このとき、添付書類として次のものが必要です。

・会社の登記簿謄本（登記事項証明書）（コピーでも可）
・役員を除く全従業員の賃金台帳（会社設立日以降のもの）

①の手続きによって、「**労働保険番号**」がもらえます。労働保険の加入手続きや保険料の納付が完了すると、労災保険の手続きは終わりです。

次は、雇用保険に関する手続きに進みます。

雇用保険の手続きは、ハローワークで行います。このときに労働保険番号が必要で、手続きに必要な書類は次のとおりです。

**①雇用保険適用事業所設置届**
**②雇用保険被保険者資格取得届（加入者の人数分）**

添付書類は、以下のとおりです。

・会社の登記簿謄本（登記事項証明書）（コピーでも可）
・労働保険保険関係成立届の事業主控（労働基準監督署の受付印のあるもの）
・取引先との請求書、領収書、納品書などのコピーを2～3枚
・加入者全員分の労働者名簿（雇入年月日を記入すること）
・加入者全員分の、出勤簿またはタイムカードのコピー（加入日から現在まで）
・加入者全員分の、賃金台帳のコピー（提出時までに、給料の支払いがない場合は不要）

これらの手続きをするときは、会社の代表印を持って行きましょう。

## 労働保険保険関係成立届の記載例

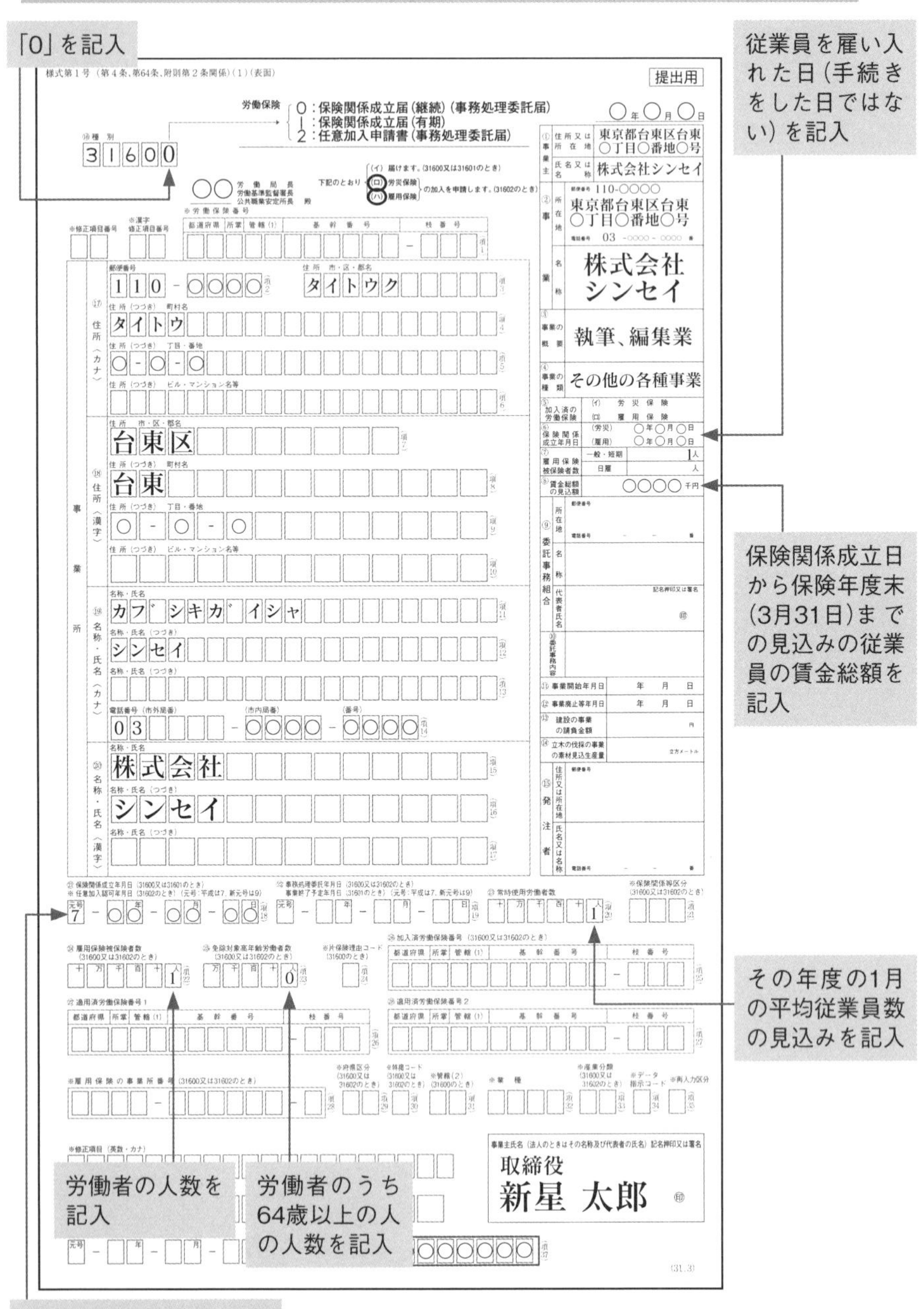

様式第１号（第４条、第64条、附則第２条関係）(1)(表面)

提出用

労働保険
0：保険関係成立届（継続）（事務処理委託届）
1：保険関係成立届（有期）
2：任意加入申請書（事務処理委託届）

⑯種別 31600

○○ 労働局長 労働基準監督署長 公共職業安定所長 殿

下記のとおり（イ）届けます。(31600又は31601のとき)（ロ）労災保険（ハ）雇用保険 の加入を申請します。(31602のとき)

○年○月○日

①事業主：住所又は所在地 東京都台東区台東○丁目○番地○号／氏名又は名称 株式会社シンセイ

②事業：所在地 110-○○○○ 東京都台東区台東○丁目○番地○号 電話番号 03 -○○○○-○○○○／名称 株式会社シンセイ

③事業の概要：執筆、編集業

④事業の種類：その他の各種事業

⑤加入済の労働保険：(イ)労災保険 (ロ)雇用保険

⑥保険関係成立年月日：(労災)○年○月○日 (雇用)○年○月○日

⑦雇用保険被保険者数：一般・短期 1人／日雇 人

⑧賃金総額の見込額：○○○○千円

⑨委託事務組合：所在地／名称／代表者氏名

⑩委託事務内容

⑪事業開始年月日　年　月　日

⑫事業廃止等年月日　年　月　日

⑬建設の事業の請負金額　円

⑭立木の伐採の事業の素材見込生産量　立方メートル

⑮発注者：住所又は所在地／氏名又は名称

事業所
⑰住所（カナ）：郵便番号 110-○○○○／市・区・郡名 タイトウク／町村名 タイトウ／丁目・番地 ○-○-○／ビル・マンション名等
⑱住所（漢字）：市・区・郡名 台東区／町村名 台東／丁目・番地 ○-○-○／ビル・マンション名等
⑲名称・氏名（カナ）：カブシキガイシャ／シンセイ
電話番号 03-○○○○-○○○○
⑳名称・氏名（漢字）：株式会社／シンセイ

㉑保険関係成立年月日（31600又は31601のとき）※任意加入認可年月日（31602のとき）（元号：平成は7、新元号は9）7-○○-○○-○○

㉒事務処理委託年月日（31600又は31602のとき）事業終了予定年月日（31601のとき）

㉓常時使用労働者数 1

※保険関係等区分（31600又は31602のとき）

㉔雇用保険被保険者数（31600又は31602のとき）1

㉕免除対象高年齢労働者数（31600又は31602のとき）0

※片保険理由コード（31600のとき）

㉖加入済労働保険番号（31600又は31602のとき）

㉗適用済労働保険番号１

㉘適用済労働保険番号２

※雇用保険の事業所番号（31600又は31602のとき）

事業主氏名（法人のときはその名称及び代表者の氏名）記名押印又は署名
取締役
新星 太郎 ㊞

「0」を記入
従業員を雇い入れた日（手続きをした日ではない）を記入
保険関係成立日から保険年度末（3月31日）までの見込みの従業員の賃金総額を記入
その年度の1月の平均従業員数の見込みを記入
労働者の人数を記入
労働者のうち64歳以上の人の人数を記入
「令和」の場合「9」と記入

提出期限は、保険関係が成立した日から10日以内

## 労働保険概算保険料申告書の記載例

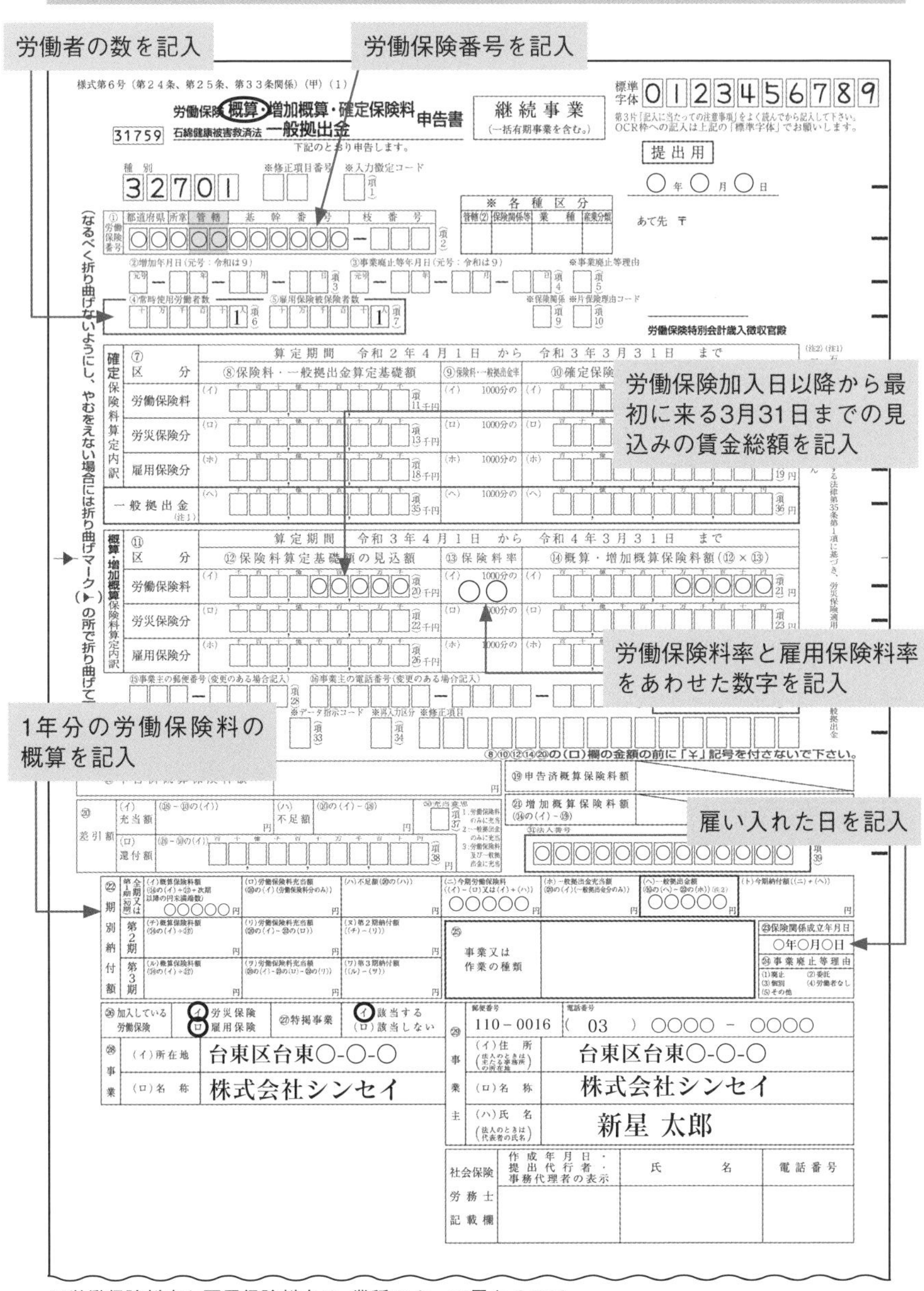

労働者の数を記入
労働保険番号を記入
労働保険加入日以降から最初に来る3月31日までの見込みの賃金総額を記入
労働保険料率と雇用保険料率をあわせた数字を記入
1年分の労働保険料の概算を記入
雇い入れた日を記入

様式第6号（第24条、第25条、第33条関係）（甲）（1）

労働保険 概算・増加概算・確定保険料 申告書
石綿健康被害救済法 一般拠出金

継続事業（一括有期事業を含む。）

標準字体 0123456789

下記のとおり申告します。

提出用

31759

種別 32701

①労働保険番号 ○○○○○○○○○○○ －

④常時使用労働者数 1
⑤雇用保険被保険者数 1

労働保険特別会計歳入徴収官殿

確定保険料算定内訳　算定期間 令和2年4月1日 から 令和3年3月31日 まで

概算・増加概算保険料算定内訳　算定期間 令和3年4月1日 から 令和4年3月31日 まで

| ⑪区分 | ⑫保険料算定基礎額の見込額 | ⑬保険料率 | ⑭概算・増加概算保険料額（⑫×⑬） |
|---|---|---|---|
| 労働保険料 | ○○○○○千円 | 1000分の○○ | ○○○○○円 |
| 労災保険分 | | 1000分の | |
| 雇用保険分 | | 1000分の | |

㉒期別納付額　第1期（初期）（イ）概算保険料額 ○○○○○円　（ニ）今期労働保険料 ○○○○○　（ヘ）一般拠出金額 ○○○○○円

㉛法人番号 ○○○○○○○○○○○○○

㉓保険関係成立年月日 ○年○月○日

㉖加入している労働保険 （イ）労災保険 （ロ）雇用保険
㉗特掲事業 （イ）該当する （ロ）該当しない

㉘事業 （イ）所在地 台東区台東○-○-○
（ロ）名称 株式会社シンセイ

㉙事業主 郵便番号 110－0016　電話番号（03）○○○○－○○○○
（イ）住所 台東区台東○-○-○
（ロ）名称 株式会社シンセイ
（ハ）氏名 新星 太郎

社会保険労務士記載欄　作成年月日・提出代行者・事務代理者の表示　氏名　電話番号

※労働保険料率と雇用保険料率は、業種によって異なるので、
労働基準監督署などに事前に問い合わせよう

提出期限は、保険関係が成立した日から50日以内

# 雇用保険適用事業所設置届（表面）の記載例

表面

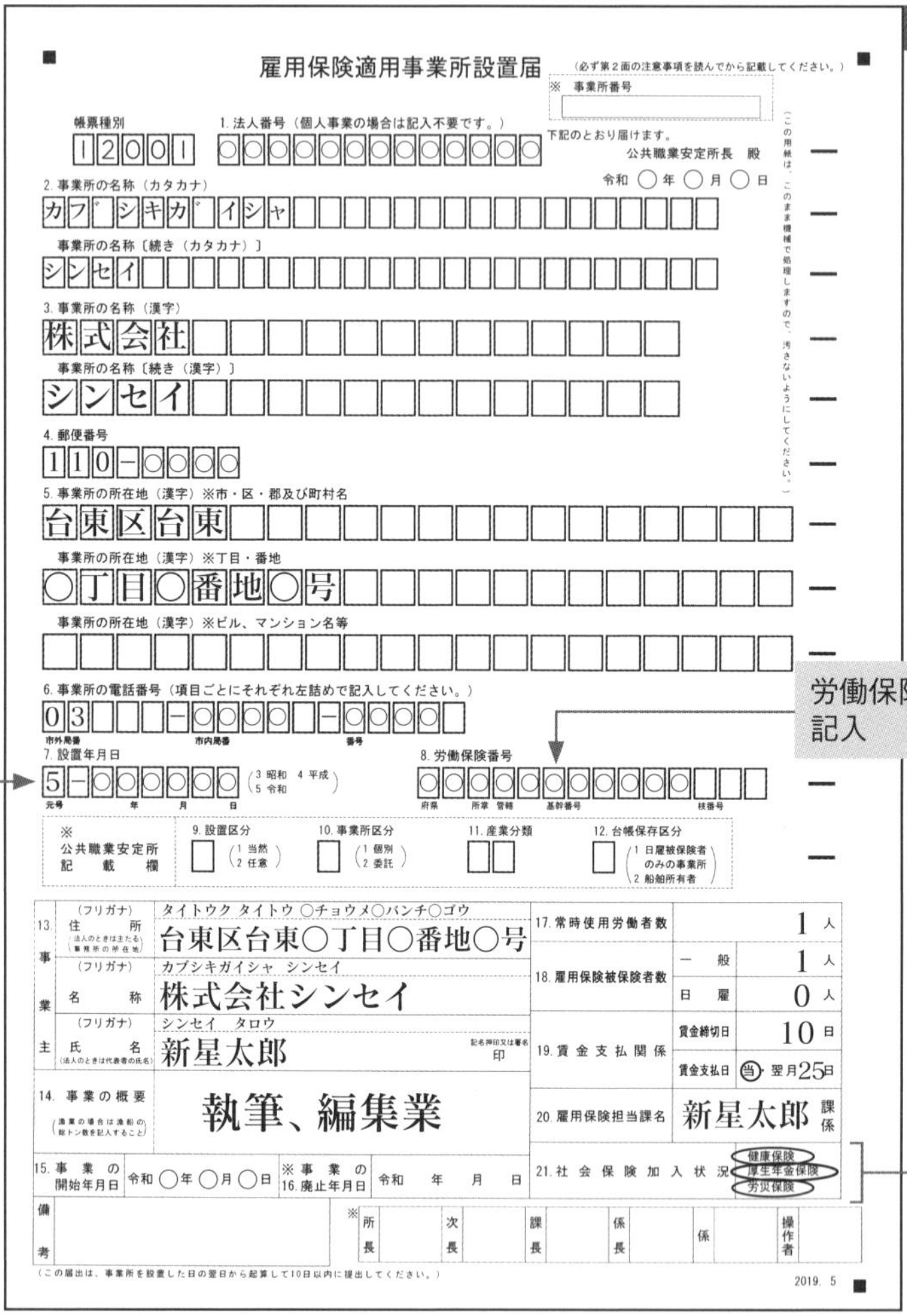

雇用保険適用事業所設置届　（必ず第２面の注意事項を読んでから記載してください。）

※ 事業所番号

帳票種別 12001

1. 法人番号（個人事業の場合は記入不要です。）○○○○○○○○○○○○○

下記のとおり届けます。
公共職業安定所長　殿
令和 ○ 年 ○ 月 ○ 日

2. 事業所の名称（カタカナ）カブシキガイシ�ャ

事業所の名称〔続き（カタカナ）〕シンセイ

3. 事業所の名称（漢字）株式会社

事業所の名称〔続き（漢字）〕シンセイ

4. 郵便番号 110-○○○○

5. 事業所の所在地（漢字）※市・区・郡及び町村名 台東区台東

事業所の所在地（漢字）※丁目・番地 ○丁目○番地○号

事業所の所在地（漢字）※ビル、マンション名等

6. 事業所の電話番号（項目ごとにそれぞれ左詰めで記入してください。）03-○○○○-○○○○（市外局番・市内局番・番号）

7. 設置年月日 5-○○○○○○（3 昭和　4 平成　5 令和）（元号・年・月・日）

8. 労働保険番号 ○○○○○○○○○○○（府県・所掌・管轄・基幹番号・枝番号）

（この用紙は、このまま機械で処理しますので、汚さないようにしてください。）

| ※公共職業安定所記載欄 | 9. 設置区分（1 当然　2 任意） | 10. 事業所区分（1 個別　2 委託） | 11. 産業分類 | 12. 台帳保存区分（1 日雇被保険者のみの事業所　2 船舶所有者） |
|---|---|---|---|---|

| 13. 事業主 | | | |
|---|---|---|---|
| 住所（法人のときは主たる事務所の所在地） | （フリガナ）タイトウク タイトウ ○チョウメ○バンチ○ゴウ<br>台東区台東○丁目○番地○号 | 17. 常時使用労働者数 | 1 人 |
| 名称 | （フリガナ）カブシキガイシャ シンセイ<br>株式会社シンセイ | 18. 雇用保険被保険者数 | 一般 1 人<br>日雇 0 人 |
| 氏名（法人のときは代表者の氏名） | （フリガナ）シンセイ タロウ<br>新星太郎　記名押印又は署名 印 | 19. 賃金支払関係 | 賃金締切日 10 日<br>賃金支払日 当・翌月25日 |
| 14. 事業の概要（漁業の場合は漁船の総トン数を記入すること） | 執筆、編集業 | 20. 雇用保険担当課名 | 新星太郎　課・係 |
| 15. 事業の開始年月日 | 令和 ○年 ○月 ○日 | 21. 社会保険加入状況 | 健康保険・厚生年金保険・労災保険 |
| ※事業の 16. 廃止年月日 | 令和　年　月　日 | | |

備考

※ 所長　次長　課長　係長　係　操作者

（この届出は、事業所を設置した日の翌日から起算して10日以内に提出してください。）

2019. 5

労働保険番号を記入

「令和」の場合は「5」を記入

社会保険に加入した場合、すべてを○で囲む

提出期限は、設置の日から 10 日以内

# 雇用保険適用事業所設置届（裏面）の記載例

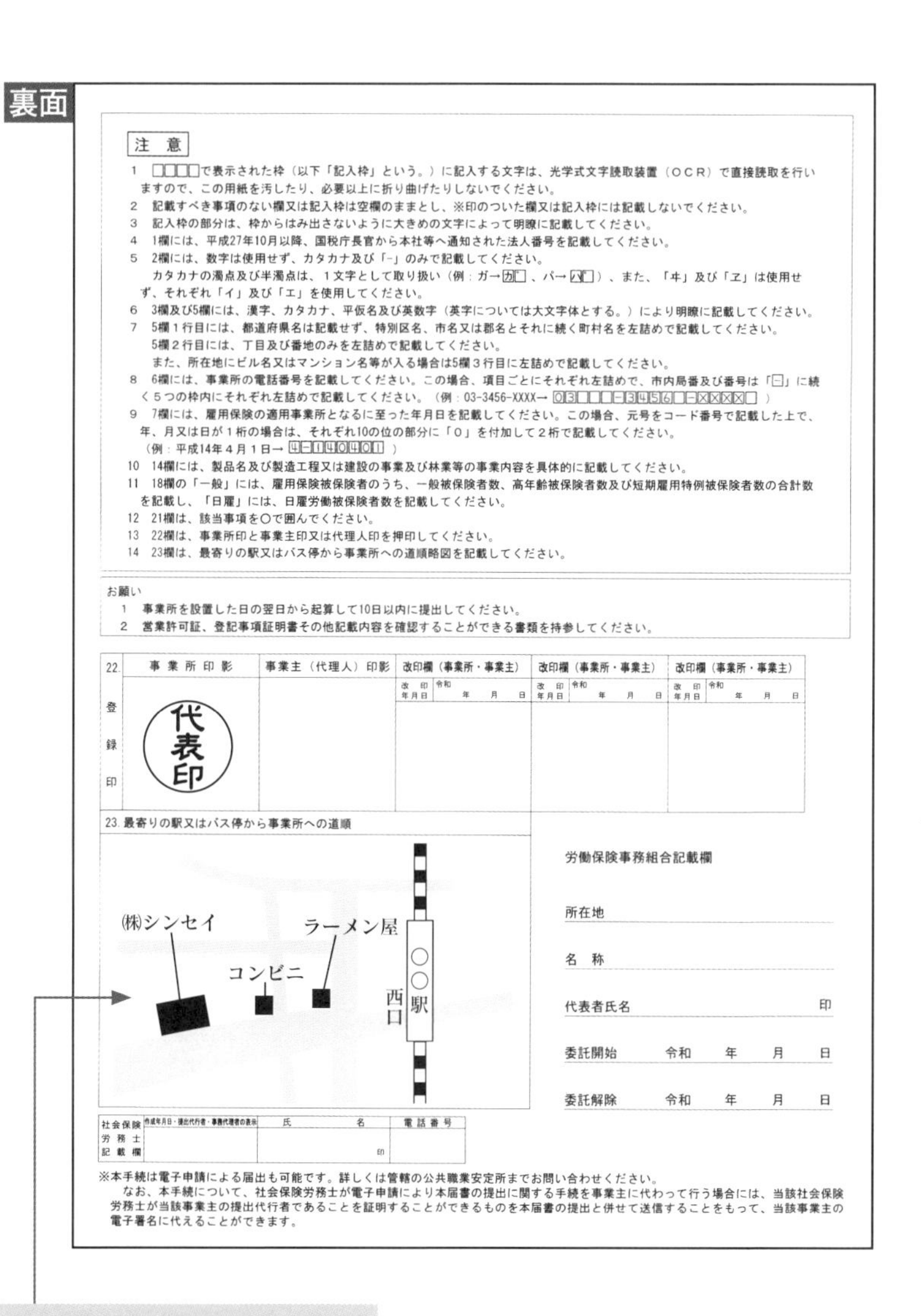

裏面

**注　意**

1　□□□□で表示された枠（以下「記入枠」という。）に記入する文字は、光学式文字読取装置（ＯＣＲ）で直接読取を行いますので、この用紙を汚したり、必要以上に折り曲げたりしないでください。
2　記載すべき事項のない欄又は記入枠は空欄のままとし、※印のついた欄又は記入枠には記載しないでください。
3　記入枠の部分は、枠からはみ出さないように大きめの文字によって明瞭に記載してください。
4　1欄には、平成27年10月以降、国税庁長官から本社等へ通知された法人番号を記載してください。
5　2欄には、数字は使用せず、カタカナ及び「-」のみで記載してください。
　カタカナの濁点及び半濁点は、１文字として取り扱い（例：ガ→カ゛、パ→ハ゜）、また、「ヰ」及び「ヱ」は使用せず、それぞれ「イ」及び「エ」を使用してください。
6　3欄及び5欄には、漢字、カタカナ、平仮名及び英数字（英字については大文字体とする。）により明瞭に記載してください。
7　5欄１行目には、都道府県名は記載せず、特別区名、市名又は郡名とそれに続く町村名を左詰めで記載してください。
　5欄２行目には、丁目及び番地のみを左詰めで記載してください。
　また、所在地にビル名又はマンション名等が入る場合は5欄３行目に左詰めで記載してください。
8　6欄には、事業所の電話番号を記載してください。この場合、項目ごとにそれぞれ左詰めで、市内局番及び番号は「-」に続く５つの枠内にそれぞれ左詰めで記載してください。（例：03-3456-XXXX→ 03□□□-3456□-XXXX□ ）
9　7欄には、雇用保険の適用事業所となるに至った年月日を記載してください。この場合、元号をコード番号で記載した上で、年、月又は日が１桁の場合は、それぞれ10の位の部分に「０」を付加して２桁で記載してください。
（例：平成14年４月１日→ 4-140401 ）
10　14欄には、製品名及び製造工程又は建設の事業及び林業等の事業内容を具体的に記載してください。
11　18欄の「一般」には、雇用保険被保険者のうち、一般被保険者数、高年齢被保険者数及び短期雇用特例被保険者数の合計数を記載し、「日雇」には、日雇労働被保険者数を記載してください。
12　21欄は、該当事項を○で囲んでください。
13　22欄は、事業所印と事業主印又は代理人印を押印してください。
14　23欄は、最寄りの駅又はバス停から事業所への道順略図を記載してください。

お願い
1　事業所を設置した日の翌日から起算して10日以内に提出してください。
2　営業許可証、登記事項証明書その他記載内容を確認することができる書類を持参してください。

| 22. 登録印 | 事業所印影 | 事業主（代理人）印影 | 改印欄（事業所・事業主） | 改印欄（事業所・事業主） | 改印欄（事業所・事業主） |
|---|---|---|---|---|---|
| | | | 改印年月日 令和　年　月　日 | 改印年月日 令和　年　月　日 | 改印年月日 令和　年　月　日 |
| | 代表印 | | | | |

23. 最寄りの駅又はバス停から事業所への道順



労働保険事務組合記載欄

所在地

名　称

代表者氏名　　印

委託開始　令和　年　月　日

委託解除　令和　年　月　日

| 社会保険労務士記載欄 | 作成年月日・提出代行者・事務代理者の表示 | 氏　名 | 電話番号 |
|---|---|---|---|
| | | 印 | |

※本手続は電子申請による届出も可能です。詳しくは管轄の公共職業安定所までお問い合わせください。
　なお、本手続について、社会保険労務士が電子申請により本届書の提出に関する手続を事業主に代わって行う場合には、当該社会保険労務士が当該事業主の提出代行者であることを証明することができるものを本届書の提出と併せて送信することをもって、当該事業主の電子署名に代えることができます。

最寄り駅やバス停から会社までの地図をカンタンに描く

## 雇用保険被保険者資格取得届の記載例

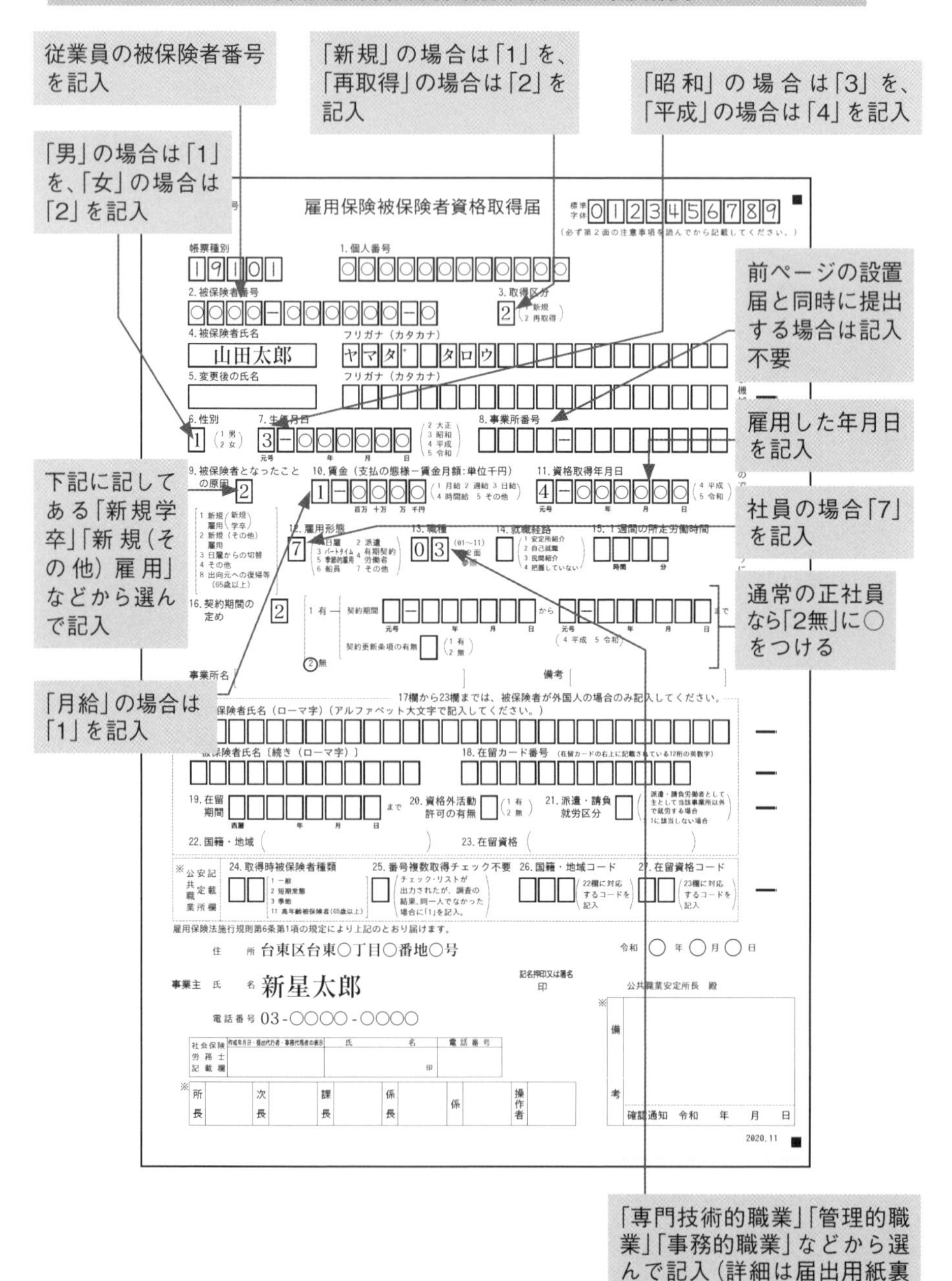

雇用保険被保険者資格取得届

標準字体 0 1 2 3 4 5 6 7 8 9

（必ず第２面の注意事項を読んでから記載してください。）

帳票種別 19101

1. 個人番号 ○○○○○○○○○○○○

2. 被保険者番号 ○○○○－○○○○○○－○

3. 取得区分 2（1 新規 2 再取得）

4. 被保険者氏名 山田太郎　フリガナ（カタカナ） ヤマダ タロウ

5. 変更後の氏名　フリガナ（カタカナ）

6. 性別 1（1 男 2 女）

7. 生年月日 3－○○○○○○（元号 年 月 日）（2 大正 3 昭和 4 平成 5 令和）

8. 事業所番号

9. 被保険者となったことの原因 2（1 新規雇用（新規学卒） 2 新規（その他）雇用 3 日雇からの切替 4 その他 8 出向元への復帰等（65歳以上））

10. 賃金（支払の態様－賃金月額：単位千円） 1－○○○○（百万 十万 万 千円）（1 月給 2 週給 3 日給 4 時間給 5 その他）

11. 資格取得年月日 4－○○○○○○（元号 年 月 日）（4 平成 5 令和）

12. 雇用形態 7（1 日雇 2 派遣 3 パートタイム 4 有期契約労働者 5 季節的雇用 6 船員 7 その他）

13. 職種 03（01～11）

14. 就職経路（1 安定所紹介 2 自己就職 3 民間紹介 4 把握していない）

15. 1週間の所定労働時間（時間 分）

16. 契約期間の定め 2（1 有 － 契約期間 □－□□□□□□ から □－□□□□□□ まで（4 平成 5 令和） 契約更新条項の有無（1 有 2 無）　②無）

事業所名　　備考

17欄から23欄までは、被保険者が外国人の場合のみ記入してください。

17. 被保険者氏名（ローマ字）（アルファベット大文字で記入してください。）

被保険者氏名〔続き（ローマ字）〕

18. 在留カード番号（在留カードの右上に記載されている12桁の英数字）

19. 在留期間（西暦 年 月 日）まで

20. 資格外活動許可の有無（1 有 2 無）

21. 派遣・請負就労区分（1 派遣・請負労働者として主として当該事業所以外で就労する場合 2 1に該当しない場合）

22. 国籍・地域（　）

23. 在留資格（　）

※公共職業安定所記載欄

24. 取得時被保険者種類（1 一般 2 短期常態 3 季節 11 高年齢被保険者（65歳以上））

25. 番号複数取得チェック不要（チェック・リストが出力されたが、調査の結果、同一人でなかった場合に「1」を記入。）

26. 国籍・地域コード（22欄に対応するコードを記入）

27. 在留資格コード（23欄に対応するコードを記入）

雇用保険法施行規則第6条第1項の規定により上記のとおり届けます。

令和 ○ 年 ○ 月 ○ 日

住所 台東区台東○丁目○番地○号

事業主 氏名 新星太郎　記名押印又は署名 印

電話番号 03-○○○○-○○○○

公共職業安定所長 殿

| 社会保険労務士記載欄 | 作成年月日・提出代行者・事務代理者の表示 | 氏名 | 電話番号 |
|---|---|---|---|
| | | 印 | |

| ※所長 | 次長 | 課長 | 係長 | 係 | 操作者 |
|---|---|---|---|---|---|
| | | | | | |

※備考

確認通知 令和 年 月 日

2020.11

従業員の被保険者番号を記入
「新規」の場合は「1」を、「再取得」の場合は「2」を記入
「昭和」の場合は「3」を、「平成」の場合は「4」を記入
「男」の場合は「1」を、「女」の場合は「2」を記入
前ページの設置届と同時に提出する場合は記入不要
雇用した年月日を記入
下記に記してある「新規学卒」「新規（その他）雇用」などから選んで記入
社員の場合「7」を記入
通常の正社員なら「2無」に○をつける
「月給」の場合は「1」を記入
「専門技術的職業」「管理的職業」「事務的職業」などから選んで記入（詳細は届出用紙裏面を参照）

資格取得の事実があった日の翌月 10 日まで

## 労働保険の変更手続き

これまで労働保険に加入していた個人事業主が会社を設立した場合は、「**労働保険名称、所在地等変更届**」という書類を管轄の労働基準監督署に提出します。

変更後の会社名や変更年月日、変更後の住所などを記入し、会社の登記簿謄本（登記事項証明書）のコピーを添付します。

また、これまで雇用保険に加入していたら、こちらも変更届の提出が必要です。

管轄のハローワークへ「**雇用保険事業主事業所各種変更届**」を提出します。変更後の会社名や変更年月日、変更後の住所等を記入し、登記簿謄本（登記事項証明書）のコピーを添付します。

受理されると、「雇用保険事業主事業所各種変更届事業主控」が交付されます。

### Column ハローワークで求人してみよう

ハローワークで求人するには、雇用保険適用事業所であることが条件となります。ハローワークは、民間の求人媒体と違って無料で求人できますから、優秀な人材を探している会社は、ハローワークを利用してみましょう。きっとあなたの会社にぴったりの人材が見つかるはずです。

ハローワークに求人票を出すと、ハローワークのホームページへの求人票の掲載も同時に行えます。管轄のハローワークの求人担当窓口で相談してみてください。

もしも、従業員を雇っているのに、まだ会社が社会保険に加入していない場合は、担当者の方に「この求人で従業員を雇い入れたら、社会保険に加入しますか？」と、かならず聞かれます。正社員の雇入れの場合、社会保険への加入は義務ですから、間違っても「加入しません」と答えないでください。また、求人票に「社会保険への加入を検討中」の旨を記入する必要があります。

# 14 許認可関係もきちんと押さえておこう

法律上、個人と会社は別人格です。そのため、ほとんどの業種で、法人成りしたときは、許認可について新たに申請することが必要です。

## 今までの「許可」が無意味になる？

世の中には、たくさんの業種があります。その中には商売を始める前に、「許可」や「届け出」を申請しなければならない業種も少なくありません。

たとえば、飲食業を営業するならば営業許可を受けなければなりません。また、酒屋さんなら酒類販売業の免許が必要となります。たばこ屋さんなら、小売販売業の許可をもらわなければなりません。理容院や美容院もそれぞれ開設届が必要となります。リサイクルショップや古着屋さんなら、古物商の許可が必須です。

法人成りした場合は、これらのほとんどの業種で、それまで**個人事業として取得していた許認可が無効**になります。

なぜなら、法律上、個人と会社を別人格と捉えるからです。

そのため、たとえ同じ場所で同じ商売を同じ人が引続き行ったとしても、**法人成りした場合の許可は、ほとんどの業種で「新規」扱い**になってしまいます。つまり、新たに許認可の手続きが必要となるのです。

許可がないために、「せっかく法人成りしたのに商売ができない！」なんてことになりかねません。会社を作る前に、しっかりと自身の許認可の手続きを調べておくようにしましょう。

また、許認可が新規扱いとなる場合、これまで個人事業主として与えられていた許認可については廃止する旨を届け出ることも必要となります。

## 法人成り時の許認可はほとんどが「新規」扱い

| 業種 | おもな申請先 | 形態 | おもな申請・届け出 |
|---|---|---|---|
| 飲食店 | 保健所 | 新規 | 飲食店営業許可申請書　など |
| リサイクルショップ | 警察署 | 新規 | 古物商許可申請書 |
| 風俗業 | 警察署 | 新規 | 風俗営業許可申請書 |
| 理・美容業 | 保健所 | 新規 | 理（美）容所開設届 |
| 酒類販売業 | 税務署 | 新規 | 酒類販売業免許申請書 |
| たばこ販売業 | 日本たばこ産業 | 承継 | 小売販売業の承継の届け出 |
| 一般貨物運送業 | 運輸局支所 | 譲渡 | 譲渡譲受認可の申請書 |
| パン・菓子業 | 保健所等 | 新規 | 飲食店営業許可申請書　など |
| 医療法人 | 保健所等 | 新規 | 医療法人設立認可申請書 |
| 人材派遣業 | 労働局 | 新規 | 一般労働者派遣事業許可申請書 |
| 建設業 | 許可行政庁（地方整備局など） | 新規 | 建設業許可申請書（新規） |
| 医薬品・化粧品小売業 | 保健所 | 新規 | 薬局等許可申請書 |
| 洋菓子店(和菓子店) | 保健所 | 新規 | 菓子製造業許可申請書 |
| クリーニング店 | 保健所 | 新規 | 開設の届け出 |
| バイク屋 | 警察署 | 新規 | 古物商許可申請書 |
| 無認可保育所 | 市区町村役場 | 新規 | 認可外保育施設開設届 |
| 古着屋 | 警察署 | 新規 | 古物商許可申請書 |
| 古本屋 | 警察署 | 新規 | 古物商許可申請書 |

「新規」となっているものは、個人事業主側の廃止の届け出も同時に行う

# 15 プロフェッショナルを活用しよう

会社の設立には、いろいろな手間がかかります。すべてを自分で行うことも可能ですが、プロの手を借りれば、より確実にできます。

## 実務の専門家を利用しよう

会社を作ったり、その後の手続きを行うことは、自分でできます。また、訴訟を起こしたりすることも、本当は専門家に頼まなくたってできます。

あなた自身の知識がなくても、税金のことなら税務署へ、登記のことなら登記所へ、社会保険のことなら年金事務所へ、労働保険のことなら労働基準監督署へ、雇用保険のことならハローワークへ行って相談すれば、やさしい公務員の方々が説明してくれますから、解決できてしまうことだってたくさんあります。

しかし、それぞれの道のスペシャリストである専門家は、あなたにとって有意義で、損をしない解決策に精通しています。

また、専門知識を一から身につけて、書類と格闘する時間は、なんの収益も生み出しません。餅は餅屋へ頼むことが近道です。勉強や手続きをする時間があるのなら、本業で稼ぐことに力を入れる方法もあるでしょう。

## 会社を作る専門家

会社を作ることに精通している専門家は「**司法書士**」と「**行政書士**」です。会社を設立するのに支払う報酬は、5万円～20万円が相場のようです。

司法書士はおもに、会社の設立や、設立後の本店の移転、役員の変更、増資など、会社の登記事項に変更があるときに申請を代行してくれます。

行政書士はおもに、会社の設立や、設立後の営業許可の取得や、債権回収のための内容証明郵便の作成などをサポートしてくれます。

## ●会社運営の専門家

会社を運営することに精通している専門家は「**公認会計士**」や「**税理士**」です。

会社を設立した途端に、さまざまな税務関連の手続きが待ち構えており、うっかり手続きの期限を過ぎると、税制上の優遇を受けられないこともあります。税金の払い忘れにより罰金が発生することもしばしばです。会社の場合、税務申告も難解な部分が多いため、早い段階でのコンタクトをオススメします。月々の顧問報酬として3万円からが相場です。

## ●会社の労務関係の専門家

会社の労務関係に精通している専門家は「**社会保険労務士**」です。社会保険や雇用保険の加入から、給与計算の代行、就業規則の作成や助成金の獲得などの相談に乗ってくれます。報酬の相場は月々1万円からが相場です。

## ●問題解決の専門家

会社に問題が起きたときに解決してくれる専門家は「**弁護士**」です。各種契約違反での訴訟や、会社が万が一のときに民事再生や破産を指導してくれます。消費者金融や銀行などに理路整然と立ち向かってくれる強い味方です。報酬の相場は高額なことが多いです。

いずれにしても、問題が起きてからではなく、その**予防策としていろいろな専門家との人脈を作っておく**と会社運営がより円滑なものとなるでしょう。

## 法人設立ワンストップサービスを活用しよう

これまでの法人設立関連の手続きは、公証人役場、法務局、税務署、都道府県税事務所、市区町村、年金事務所、労働基準監督署、ハローワーク等々、複数の異なる機関に、さまざまな書類を提出しなければなりませんでした。

これらの煩雑な諸手続きを、オンラインだけで、1つのサイトで完結してしまおうという取り組みが、デジタル庁によって発足しました。

それが「法人設立ワンストップサービス」です。

手続きにより、書類を提出するかどうか迷う場面があるかと思いますが、最初に簡単な問診を受けることで、必要な手続きがリストアップされます。

本人確認は、マイナンバーカードを読み取ることで承認され、自動で申請者情報の入力を行ってくれます。

長らく縦割り行政の中で、このような便利なサービスはなかなかありませんでしたが、専門家に頼る諸費用を抑えたい場合などは、ぜひ利用してみてはどうでしょうか。

# 索引

## あ



## か

さ

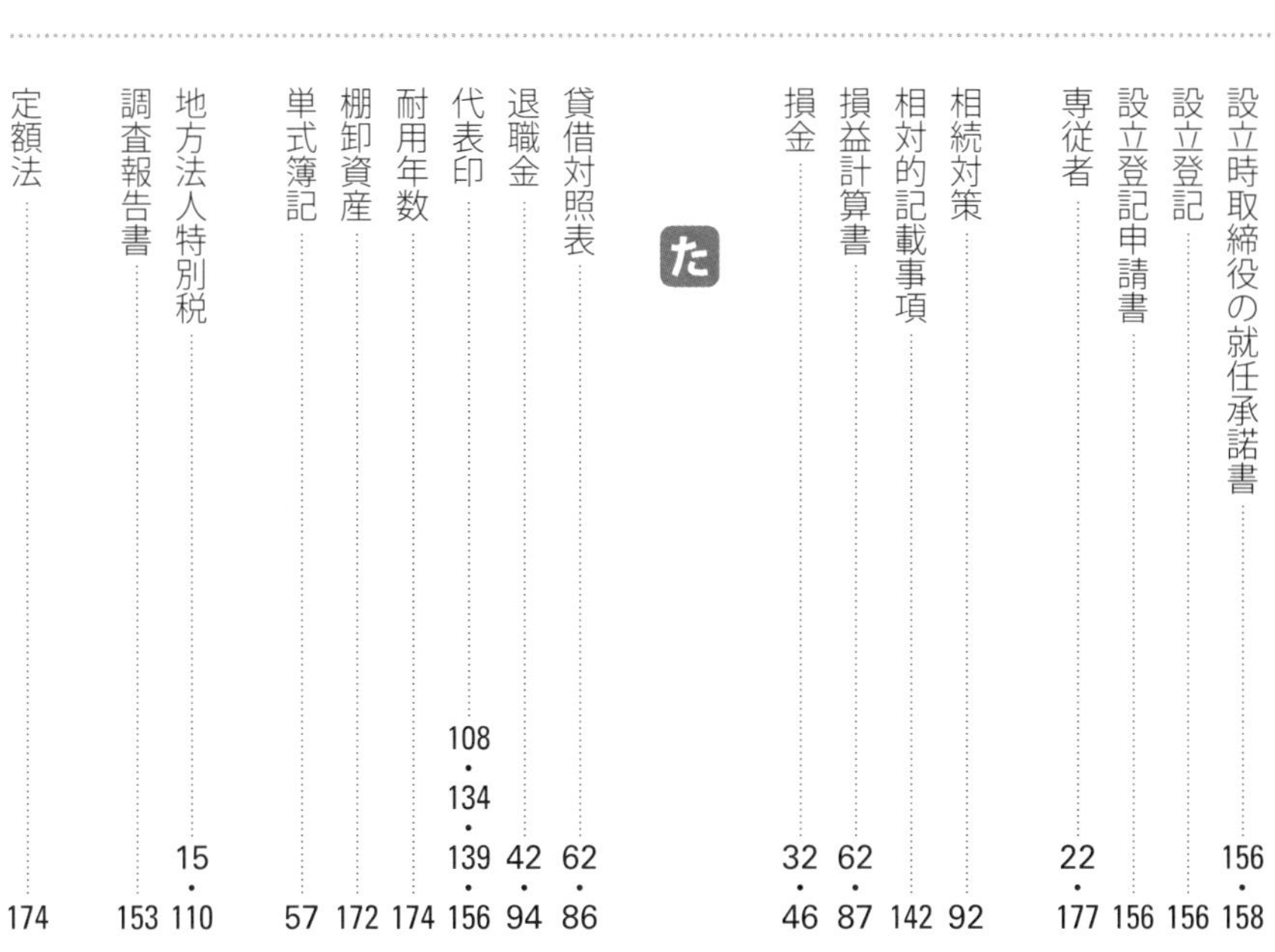



## た

索引

## や

## ら

●著者紹介

**関根 俊輔**（せきね しゅんすけ）

税理士。

中央大学法学部法律学科卒。

優秀なビジネスマンや税理士を多数輩出する尾立村形会計事務所（東京都）で会計人としての修行を重ねる。

その後、関根圭一社会保険労務士・行政書士事務所（茨城県）にて、主に労働基準監督署や社会保険事務所の調査立ち会いや労使紛争解決等の人事業務、加えて、法人設立·建設業許可、遺産分割協議書や内容証明郵便及び会社議事録作成等の業務に携わる。

平成19年には、共同で税理士法人ゼニックス・コンサルティングを設立。

現在は、学生時代から培った「リーガルマインド」を原点に、企業に内在する税務·人事·社内コンプライアンス等、経営全般の諸問題を横断的に解決する専門家として活躍している。著書に『改訂５版　個人事業と株式会社のメリット・デメリットがぜんぶわかる本』（新星出版社）、監修書籍に『経費で落ちる　領収書・レシートがぜんぶわかる本』、『図解わかる　小さな会社の総務・労務・経理』、『図解わかる　小さな会社の給与計算と社会保険』（いずれも新星出版社）等がある。

ホームページ　https://www.xenixconsulting-ibaraki.com



改訂6版　個人事業を会社にする
メリット・デメリットがぜんぶわかる本

2023年９月15日　初版発行

著　者　関根俊輔
発行者　富永靖弘
印刷所　公和印刷株式会社

発行所　東京都台東区台東２丁目24　株式会社 新星出版社
〒110－0016　☎03(3831)0743



ISBN978-4-405-10433-4